CRIE MENINAS LIVRES DE ANSIEDADE

Copyright © 2025 por Maquinaria Sankto.
Copyright © 2019 por Helen Goff. Publicado originalmente em inglês com o título *Raising Worry-Free Girls* por Bethany House Publishers, uma divisão da Baker Publishing Group, Grand Rapids, Michigan, 49516, E.U.A. Todos os direitos reservados.

Todos os direitos desta publicação reservados à Maquinaria Sankto Editora e Distribuidora LTDA. Este livro segue o Novo Acordo Ortográfico de 1990.

É vedada a reprodução total ou parcial desta obra sem a prévia autorização, salvo como referência de pesquisa ou citação acompanhada da respectiva indicação. A violação dos direitos autorais é crime estabelecido na Lei n.9.610/98 e punido pelo artigo 194 do Código Penal.

Este texto é de responsabilidade do autor e não reflete necessariamente a opinião da Maquinaria Sankto Editora e Distribuidora LTDA.

Diretora-executiva
Renata Sturm

Diretor Financeiro
Guther Faggion

Administração
Alberto Balbino

Editor
Pedro Aranha

Preparação
Nicolly Vale

Revisão
Laura Folgueira

Marketing e Comunicação
Matheus da Costa, Bianca Oliveira

Direção de Arte e diagramação
Rafael Bersi

DADOS INTERNACIONAIS DE CATALOGAÇÃO NA PUBLICAÇÃO (CIP)
ANGÉLICA ILACQUA – CRB-8/7057

Goff, Sissy
   Crie meninas livres de ansiedade : uma visão cristã sobre a criação de filhas / Sissy Goff. -- São Paulo : Maquinaria Sankto Editora e Distribuidora Ltda, 2025.
   256 p.
ISBN 978-85-94484-89-5
Título original: Raising Worry-Free Girls
1. Parentalidade – Aspectos religiosos 2. Filhas - Criação 3. Ansiedade I. Título
25-2745   CDD 649.133

Índice Para Catálogo Sistemático:
1. Parentalidade

Rua Pedro de Toledo, 129 – Sala 104
Vila Clementino – São Paulo – SP, CEP: 04039-030
www.sankto.com.br

SISSY GOFF

CRIE MENINAS LIVRES DE ANSIEDADE

Uma visão cristã sobre a criação de filhas

sanktō

SUMÁRIO

9 • Prefácio

11 • Introdução

16 • Definindo a preocupação

36 • Por que ela?

72 • Como isso pode ajudar?

93 • Ajudando seu corpo

125 • Ajudando sua mente

157 • Ajudando seu coração

192 • Problema

210 • Tenha coragem

230 • Vencedora

238 • Agradecimentos

239 • Notas

Para minha mãe.
Obrigada por ser a mulher corajosa, forte e inteligente que você verdadeiramente é e que me inspirou a ser.

PREFÁCIO

Quando eu estava crescendo, era muito preocupado. Eu me preocupava com a morte dos meus pais. Eu me preocupava que meu cachorro fosse atropelado por um carro. Eu me preocupava com o fato de me preocupar demais. Eu era essa criança. Mas consegui superar isso. Depois de adulto, com a graça de Deus, encontrei um terapeuta incrível que me ajudou a finalmente superar minhas preocupações. Agora viajo pelo mundo escrevendo livros e falando em palcos, ajudando outras pessoas a superar suas preocupações.

Então, você pode imaginar o meu medo quando entrei no quarto da minha filha há alguns anos e a encontrei chorando porque estava preocupada com a minha morte. O fato é que eu não estava doente. Estava perfeitamente saudável. Nos meses que se seguiram, a preocupação da minha filha aumentou e sabíamos que precisávamos de ajuda. Eis que surge Sissy Goff.

Depois de duas consultas com Sissy, minha filha era um ser humano completamente diferente. O que havia acontecido?

Vou lhe dizer exatamente o que ela me disse: "Percebi que sou mais corajosa do que tenho medo. Então, mesmo que às vezes eu tenha medo, sou corajosa na maior parte do tempo".

É isso aí. Identificar essa verdade singular empurrou sua preocupação para o abismo e deu início à sua cura. Agora, cinco anos depois, fico maravilhado com a força e a bravura da minha "ex-preocupada".

Este livro é uma mina de ouro — uma verdadeira mina de ouro com ferramentas que nos ajudarão a começar a travar uma guerra contra essa epidemia de preocupação que está varrendo o mundo. Mas não são apenas ferramentas para sua filha, são ferramentas para VOCÊ. Portanto, leia-o e comece a sentir o sopro de esperança encher seus pulmões como há muito tempo não sentia.

A preocupação da sua filha está prestes a ser vencida.

> — Carlos Whittaker, autor de *Kill the Spider: Getting Rid of What's Really Holding You Back* [Mate a aranha: livre-se do que realmente está te segurando, em tradução livre]

INTRODUÇÃO

Você chegou a este livro, o que significa que provavelmente está preocupado com uma criança que ama. Talvez sua filha que está no terceiro ano seja uma pessoa constantemente preocupada. Ela pergunta "e se" atrás de "e se". Talvez você tenha ouvido falar sobre ansiedade entre seus amigos e achado que isso possivelmente descreve sua filha que está no ensino médio. Talvez você tenha lido sobre os pensamentos em looping que geralmente caracterizam a ansiedade e tenha notado que sua neta fica presa em determinados pensamentos com frequência. Talvez as transições sejam difíceis para um de seus filhos. Talvez sua filha se irrite com frequência e pareça haver mais do que a típica teimosia adolescente. Talvez você queira muito que sua filha descubra a coragem e a força que você sabe que Deus colocou dentro dela.

Seja qual for a situação, fico feliz que você tenha pegado este livro.

Fico feliz por vários motivos. Para começar, estamos claramente vivendo em um mundo ansioso. A preocupação tem atravessado gerações e afetado profundamente a vida das crianças que amamos. Na verdade, a ansiedade é uma epidemia infantil nos Estados Unidos atualmente. Venho aconselhando crianças e adolescentes há mais de 25 anos e nunca vi nada varrer a vida deles como a preocupação e a ansiedade têm feito nos últimos anos. Quando comecei a aconselhar, provavelmente uma em cada vinte crianças que chegavam estava lidando com ansiedade. Agora, pelo menos dezesseis de cada vinte novas consultas são por esse motivo. É realmente uma epidemia.

Como a ansiedade é uma epidemia entre as crianças, ela também é uma epidemia entre os pais. Sim, a ansiedade tem um componente genético, que discutiremos em um capítulo posterior. Também aprenderemos a continuidade da preocupação e como todos nós nos enquadramos em algum ponto dela. Todos os dias me encontro com pais que estão consumidos pela preocupação porque seus filhos estão consumidos pela preocupação.

Acho que você também sente algo parecido com isso. Você não sabe como ajudar. Você se sente perdido. E parece que as coisas que você faz geralmente pioram a situação.

Eu realmente acredito que os conselhos e as percepções deste livro podem fazer a diferença. Ao longo do caminho, você encontrará dicas e truques para ajudar sua filha a lidar com as preocupações e encontrar sua voz, ajudando-a a combater a ansiedade, para que não tenha mais poder sobre ela. Mas aqui vai um aviso: um bom aconselhamento o deixa desconfortável, e este livro provavelmente também o deixará. O foco principal será a sua filha, mas também falaremos sobre você.

Se você trouxesse sua filha ao meu consultório para aconselhamento, eu passaria um tempo com ela e com você. Indicaria que você conhecesse as ferramentas que podem ajudá-la, para que a lembre e a estimule quando tiver pensamentos preocupantes. Mas também falaríamos um pouco sobre você — se há um histórico de ansiedade em sua família, se você mesmo já teve problemas com isso. Pesquisas mostram que um dos maiores preditores de ansiedade em crianças é a ansiedade dos pais. Ela se perpetua por vários motivos, e um deles é que *nosso* medo às vezes impede que elas façam o que precisam fazer para superá-lo.

Nosso objetivo é que a criança que você ama saiba que ela é inteligente, capaz, corajosa, forte e resiliente. Queremos que ela cresça em sua coragem.

O crescimento geralmente envolve dificuldades. Pode ser doloroso ver seu filho enfrentar desafios, portanto, as dores do crescimento podem parecer mais dolorosas para você do que para ele. O que vivenciei em meu consultório é que, às vezes, os pais mais bem-intencionados, amorosos e atenciosos são os que mais sofrem ao enfrentar as dificuldades. A jornada é dela. Mas também é sua. Prometo que todos vocês sairão mais fortes disso. E mais corajosos.

Como a jornada é algo que ambos percorrerão, as principais seções e capítulos deste livro espelham os de um livro de atividades complementares para meninas em idade escolar chamado de *Braver, Stronger, Smarter: a Girl's Guide to Overcoming Worry* [Mais corajosa, mais forte, mais inteligente: um guia para meninas superarem as preocupações, em tradução livre]. Ambos começam estabelecendo uma compreensão básica da ansiedade e de como todos nós lidamos com ela em algum grau. Queremos estar cientes das diferenças entre medo, preocupação e ansiedade e do que pode estar afetando a criança que você ama. Em seguida, falaremos sobre ajuda. É o que os pais mais pedem em meu consultório.

"O que posso fazer para ajudar?"

"Você pode dar a ela ferramentas para lidar com a ansiedade?"

"Quais estratégias de enfrentamento ela pode usar agora, mas também no futuro, se as coisas ficarem difíceis novamente?"

Embora a ansiedade seja o distúrbio mais comum na infância, é também o mais tratável, de acordo com a dra. Tamar Chansky, da *worrywisekids.org*.[1] Portanto, há muitas boas notícias. Falaremos sobre uma variedade de habilidades que ela poderá usar pelo resto da vida quando surgirem situações que provoquem ansiedade. E, finalmente, passaremos ao que considero a seção mais importante do livro: esperança. Há ótimas pesquisas e materiais sobre o uso de perspectivas cognitivas, emocionais e práticas para combater a ansiedade. Mas não há muito conteúdo disponível que fale sobre como lidar com a preocupação por meio do que acredito ser o ponto mais profundo: nossa fé em Deus. Na seção final sobre esperança, veremos João 16:33:

> Eu lhes disse essas coisas para que em mim vocês tenham paz. Neste mundo vocês terão aflições; contudo, tenham ânimo! Eu venci o mundo.

Neste mundo, você e eu realmente teremos problemas. Nossas filhas também os enfrentarão. Mas, em meio a esses problemas, podemos nos animar porque Deus venceu o mundo. Queremos que nossas meninas tenham uma fé em Deus que guie não apenas suas decisões, mas também seus corações. Queremos que suas vidas espirituais sejam o lastro que as ancora quando as emoções as jogam de um lado para o outro. Como conselheira, porém, eu diria que atualmente isso está acontecendo cada vez menos entre as crianças.

Isso me faz lembrar que ainda não me apresentei adequadamente. Mencionei que venho aconselhando crianças e suas famílias há mais de 25 anos. Junto com meus queridos amigos Melissa Trevathan e David Thomas, também escrevi vários livros sobre criação de filhos e tenho o privilégio de falar com pais de todo o país sob a bandeira da *Raising Boys and Girls*. Nosso site é ancorado nas palavras: "Ser pai é uma jornada desafiadora, encantadora e de partir o coração que, às vezes, pode parecer profundamente avassaladora e solitária. Os pais precisam de guias que entendam o mundo de seus filhos".[2]

Ser pai de uma criança que luta contra a ansiedade é particularmente desafiador e doloroso. Mas também pode ser prazeroso, fortalecedor e esperançoso — para a criança que você ama *e* para você. Sinto-me honrada por fazer parte de sua jornada. E estou ansiosa para crescermos juntos.

SEÇÃO 1
COMPREENSÃO

CAPÍTULO 1
DEFININDO A PREOCUPAÇÃO

O que vou dizer agora pode parecer meio louco.

Lembre-se das vezes que você passou de carro por uma ponte. Talvez você estivesse no carro sozinho. Talvez estivesse tendo um dia um pouco estressante... mas talvez não. No entanto, ao atravessar a ponte, um lampejo de pensamento lhe ocorre. *Se eu virar o volante apenas um pouco para a direita, posso cair na borda.*

Por favor, diga-me que eu não sou a única que tem pensamentos como esses que surgem do nada. Para você, eles podem envolver a imaginação de um acidente de avião ou alguma outra situação assustadora. Isso não significa que somos loucos ou suicidas. Geralmente é apenas um momento que passa e continuamos nosso dia, sem pensar mais nisso.

A questão é a seguinte. Todos nós temos flashes aleatórios de pensamentos preocupantes às vezes. Na verdade, uma pessoa comum tem dezenas, talvez até centenas, do que chamamos de *pensamentos intrusivos* por dia.[1] Como adulta, sei que posso dizê-los em voz alta, esperando ou supondo que você também os tenha tido. E assim não me sinto realmente louca. Ou sozinha.

As crianças, entretanto, são diferentes. Especialmente as meninas, creio eu.

Por natureza, as meninas querem agradar. Elas se definem em um contexto de relacionamento. Sentir-se conhecida e amada é fundamental. Portanto, dizer algo que possa parecer maluco ou estranho, ou que possa fazer com que os outros as rejeitem, pode parecer um risco terrível. *Talvez você não goste mais de mim*, elas pensam. *Mais do que isso, talvez você não me ame. Você pode pensar que sou louca. Talvez eu seja...*

E, assim, o pensamento que deveria ser passageiro fica preso. Ele se torna o que eu chamo diariamente em meus escritórios de montanha-russa de uma volta. O pensamento dá voltas e mais voltas e mais voltas no silêncio da cabeça das crianças e se torna ensurdecedor.

Estou me sentindo mal. Vou vomitar.

Não posso ir à escola. Ninguém lá gosta de mim.

Tenho que verificar e verificar novamente até acertar. Não posso fazer besteira.

Um pequeno medo se torna uma grande preocupação. E essa preocupação dá voltas e mais voltas e mais voltas... até se parecer muito com um monstro de ansiedade gigantesco, catastrófico e intransponível. Nós o chamaremos de Monstro da Preocupação.

Em meio às preocupações, sua filha geralmente se sente sozinha. Ela não sabe que outras pessoas sentem o mesmo, porque é muito assustador expressar suas preocupações em palavras. Talvez as pessoas não gostem dela. Ou pensem que ela é estranha. Assim, ela acha que é a única e que *tem* algo de errado com ela.

Isso não é incomum. Quando algo dá errado no mundo de uma menina, ela geralmente culpa a si mesma. (É muito mais provável que os meninos culpem outra pessoa, como a mamãe. Desculpem, mães.) Ela ainda não conhece o Monstro da Preocupação. Falaremos muito sobre ele nas próximas páginas.

Não ajuda o fato de nós, adultos, muitas vezes não sabermos que ela está lutando contra um Monstro da Preocupação. Só vemos suas lágrimas. Ou a raiva. Ou ouvimos as perguntas intermináveis. Seu exterior não combina com seu interior, e suas preocupações aparecem de forma lateral em uma série de outras emoções. Nós não entendemos. Nem ela.

Quanto mais ela ouve os truques que o Monstro da Preocupação tenta lhe pregar, mais forte ele fica. Mas, quanto mais aprendemos sobre o Monstro da Preocupação dela, mais fraco ele fica. Portanto, vamos começar aprendendo sobre o continuum de preocupações.

O continuum da preocupação

Começando com o medo

Rápido: diga uma coisa de que você tem medo. Agora, diga uma coisa de que sua filha tem medo.

Quando usamos a palavra *medo*, o "de" geralmente vem depois dela. *De* significa que há alguma coisa depois. Ou algumas coisas. Ele está ligado a algo específico: aranhas, monstros, falar em público etc. Todos nós temos medos de um tipo ou de outro. Alguns de nós têm mais medos do que outros. As crianças compartilham medos semelhantes em determinadas idades. De fato, há medos normais na infância que ocorrem durante todo o desenvolvimento.

Os medos normais *de bebês e crianças pequenas* giram em torno da separação — geralmente a separação de você. Eles também têm medo de estranhos, ruídos altos e movimentos bruscos.

As *crianças da educação infantil* estão no estágio de aprender o que é real e o que não é. Muitos de seus medos giram em torno destas coisas: escuro, monstros, fantasmas e coisas que muitos de nós gostaríamos que não fossem reais, como cobras, aranhas e vacinas médicas.

As *crianças dos anos iniciais do ensino fundamental* estão entrando em uma era de conscientização. De repente, elas têm idade suficiente para saber um pouco do que está acontecendo nos noticiários e no mundo ao seu redor, portanto, seus medos se concentram mais nos perigos da vida real. Elas tendem a ter medo de eventos como perder um ente querido, serem sequestradas, tempestades e morte.

As *crianças dos anos finais do ensino fundamental* são muito mais focadas (poderíamos até dizer consumidas) no mundo de seus colegas. Portanto, seus medos estão relacionados a serem aceitas ou envergonhadas na frente desses colegas. Seus medos também podem estar relacionados a onde estão colocando suas identidades em desenvolvimento. Se sua filha tem inclinação para os estudos, ela pode ter medo de ser reprovada em um teste. Se for atlética, o medo dela pode ser não participar ou ter um desempenho ruim em uma prova de atletismo. Se ela gosta de atuar, pode ter medo de esquecer suas falas. Quase todo aluno do ensino médio tem medo de fazer um discurso na frente da classe.

Os medos *dos jovens do ensino médio* geralmente envolvem os mesmos tipos de medos da fase anterior. Mas os riscos são maiores agora — e mais íntimos. Eles têm medo de serem rejeitados pelos amigos ou por um interesse amoroso. Têm medo de não terem amigos ou um interesse amoroso. Têm medo do futuro e de estarem preparadas para ele. Estão se sentindo pressionados em relação a escolhas futuras, incluindo coisas "divertidas" como testes padronizados, faculdade e o que farão com o resto de sua vida.

Com os medos típicos do crescimento, a palavra-chave é *desenvolvimento*. As crianças geralmente superam esses medos. As pequenas têm experiências suficientes com babás que pedem pizza e trazem seus próprios artesanatos para perceberem que é realmente divertido ter uma babá. As crianças maiores aprendem que os monstros não vivem realmente embaixo de suas camas. Sua filha em idade escolar sobe as escadas sozinha um número suficiente de vezes para finalmente se sentir à vontade e fazer isso sem que você fique esperando no final da escada. As crianças pequenas começam na educação infantil, depois se tornam estudantes do ensino fundamental, em seguida estudantes do ensino médio e, logo após, adultos praticamente ilesos de seus medos passageiros.

A passagem do medo envolve dois fatores principais: experiência e confiança. Quando criança, você teve a experiência de que aquilo de que mais tinha medo não aconteceu. Você fez o discurso, seu rosto ficou vermelho, talvez sua barriga até tenha ficado embrulhada, mas você sobreviveu. Você ainda tinha amigos. Você até tirou uma nota muito boa. Não foi tanto o sucesso que você experimentou. Você teve uma experiência de sobrevivência. Conseguiu passar por isso. E, quando você consegue passar por momentos assustadores o suficiente, o medo passa.

No entanto, há ocasiões em que aquilo de que você tem medo realmente acontece. A tempestade realmente ficou ruim e se transformou em um tornado. Talvez esse tornado tenha até passado por sua rua.

Há vários anos, conheci uma menina de nove anos cujo principal medo era ficar longe da mãe. Ela odiava ficar longe dela e, quando se separavam, tinha medo de que sua mãe se machucasse.

Sua mãe a trouxe para me ver logo antes de uma viagem de férias que ela ia fazer com o pai — sem a filha. A menina estava apavorada com a possibilidade de a mãe sofrer um acidente de carro e morrer. Durante nossa sessão, falamos muito sobre experiência e mais especificamente sobre evidências (algo a que voltaremos na próxima seção sobre ajuda).

Fiz várias perguntas, tentando fazer com que a garota visse quão poucas evidências havia para seus medos.

"Quantos quilômetros sua mãe dirige por semana?" (Você pode adivinhar a resposta: algo em torno de centenas.)

"Sua mãe já sofreu um acidente de carro?"

"Talvez um ou dois", respondeu ela.

"Então, nos vinte anos em que ela dirige, ela só teve um ou dois acidentes." (Tenho a sensação de que essa moça não conhecia realmente o histórico de direção da mãe, mas resolvi aceitar.) "Você acha que isso significa que sua mãe é uma boa motorista?"

"Sim."

"Sua mãe é inteligente?"

"Sim."

"Ela se esforça ao máximo para manter todos seguros, inclusive ela mesma?"

"Sim."

"Então, você realmente acha que sua mãe vai sofrer um acidente de carro, com base nas evidências?"

"Não, não acho", disse ela. E um grande sorriso se espalhou por seu rosto.

Agora, vou lhe contar o resto da história. Minhas sessões começam de hora em hora. Mas, quando meu tempo com a garota terminou, sua mãe não havia retornado. Eu sabia que ela era muito responsável (e foi isso que me fez sentir segura para falar sobre seu histórico de direção), portanto, quando ela não estava lá aos dez minutos, nem aos quinze minutos, nem aos vinte minutos, comecei a ficar preocupada. E, como essa menina já tinha tendência, ela estava *muito* preocupada. Fomos nos sentar na varanda da frente para esperar a mãe dela.

Finalmente, sua mãe saiu correndo do estacionamento. Da beira do gramado da Daystar Counseling, ela ergueu as mãos e gritou, rindo: "Vocês não vão acreditar por que me atrasei. Eu tive um acidente!".

Eu não conseguia acreditar. *Sério?* A garotinha olhou para mim com os olhos mais arregalados que você já viu. Eu esperava lágrimas, mas elas não vieram porque sua mãe, de forma muito inteligente, estava rindo. Ela agiu como se o acidente de carro não fosse um grande problema. Segui o exemplo dela e comecei a rir também. "Estávamos justamente falando sobre acidentes de carro." Virei-me para a menina e disse: "Sua mãe é uma boa motorista e, veja só, ela sofreu um acidente, mas está bem!".

Aquela menina de nove anos agora tem quatorze anos e não tem mais medo de que sua mãe sofra um acidente de carro. Aliás, ela nem pensa muito na mãe. Bem-vinda à adolescência! Seu medo passou. A mãe se acidentou naquele dia, mas não na viagem de carro com seu pai. Ou na viagem seguinte da família. Com o tempo, a experiência da menina a levou à confiança — ajudada pelo fato de sua mãe não ter catastrofizado o incidente, outra ideia na qual voltaremos mais tarde. Essa menina e sua mãe também têm uma fé que faz a diferença — falaremos mais sobre isso na última seção do livro.

Por enquanto, vamos nos lembrar de que os medos são uma parte normal da infância. Eles vêm e vão, de acordo com o nível de desenvolvimento de sua filha. Com a experiência e a confiança, o tempo passa e os medos passam, e ela se torna ainda mais forte por isso. A menos que isso não aconteça, e esses medos se transformem em um sentimento de preocupação mais persistente.

Mudando para a preocupação

Com a preocupação, o escopo fica um pouco mais amplo. Estamos preocupados "com", em vez de ter medo "de".

Agora, minhas perguntas são: com o que você está preocupado? Com alguma coisa que preocupa sua filha?

Nós nos preocupamos mais com conceitos do que com coisas específicas. Você não se preocupa necessariamente com aranhas. Mas se preocupa de coisas ruins acontecerem com alguém que você ama. O medo é mais restrito do que a preocupação, mas pode se transformar em preocupação, com o conjunto certo (ou errado) de circunstâncias. O medo passa para a preocupação com base, em parte, em nossas experiências.

Por exemplo, eu cresci no Arkansas e agora moro no Tennessee, então me preocupo mais com a possibilidade de uma tempestade se transformar em um tornado do que alguém que mora perto da praia na Flórida. Mas ela pode se preocupar um pouco mais com furacões. Não me preocupo nem um pouco com furacões aqui no sul, que não tem litoral. Os medos se transformam em preocupação quando a evidência de sua experiência significa que algo ruim realmente tem uma probabilidade maior de acontecer.

Se você estuda os tipos de personalidade do Eneagrama, sabe que as pessoas com determinados "números" são mais predispostas a se preocupar. Uma pessoa que é um seis, por exemplo, é descrita como conservadora e tende a se preocupar. Minha irmã (um seis) descreve os outros seis como patos. Quando nadam, parecem tranquilos na superfície, mas embaixo da água suas perninhas estão batendo como loucas. Seja o que for que esteja nos levando a bater as pernas, as preocupações nos deixam com um senso de preocupação mais amplo e persistente do que os medos. (Para saber mais sobre o Eneagrama, um livro que sugiro é *The Road Back to You: an Enneagram Journey to Self-Discovery* [Uma jornada de autodescoberta: o que o eneagrama revela sobre você], de Ian Morgan Cron e Suzanne Stabile.)

As preocupações tendem a ser orientadas para o futuro. Para bebês e crianças pequenas, isso significa que eles não se preocupam por muito tempo, pois vivem muito no presente. Seu filho pequeno, ao ver você pegar as chaves do carro, pode se preocupar com o fato de você deixá-lo em casa com a babá. Uma criança pequena que esteja passeando pela Disney pode se preocupar com a possibilidade de dobrar a esquina e dar de cara com a Malévola ou outro vilão da Disney. Se você viajar de avião para visitar um velho amigo, seu filho do ensino fundamental poderá se preocupar com a queda do avião. Uma criança do ensino médio provavelmente se preocupará com próprio status social e com o que os outros pensam sobre ela. Todos os alunos do segundo e terceiro anos do ensino médio que já aconselhei estão preocupados com o que acontecerá em seguida, mesmo que não demonstrem isso a você, sendo pai ou mãe deles. E as preocupações continuam até a idade adulta. Mais uma vez, talvez você se preocupe com seus filhos de vez em quando?

No entanto, nem tudo está perdido.

Quando sua filha tem um pouco de ajuda, muita capacitação e uma fé fundamental, as preocupações não precisam ter o mesmo poder na vida dela. Com a ajuda de Deus, eu realmente acredito que você *pode* criar uma menina livre de preocupações. Como diz a paráfrase de Mateus 11:28-30, na tradução bíblica *A mensagem*:

> Vocês estão cansados, enfastiados de religião? Venham a mim! Andem comigo e irão recuperar a vida. Vou ensiná-los a ter descanso verdadeiro. Caminhem e trabalhem comigo! Observem como eu faço! Aprendam os

ritmos livres da graça! Não vou impor a vocês nada que seja muito pesado ou complicado demais. Sejam meus companheiros e aprenderão a viver com liberdade e leveza.

As preocupações vêm e vão. O que faz a diferença é como você e sua filha reagem. Nosso objetivo é entender o medo, superar as preocupações e ajudá-la a não ficar presa em um ciclo de ansiedade.

Na verdade, as crianças desenvolvem suas próprias estratégias para lidar com as preocupações. Sua filha tem algumas neste momento que ela provavelmente nem sabe. Novamente, voltaremos a elas. Também aprenderemos como dar a sua filha ainda mais ferramentas para ajudá-la quando as preocupações inevitáveis surgirem.

Aterrissando na ansiedade

A preocupação se transforma em ansiedade por vários motivos. O trauma pode fazer com que uma criança que se preocupa desenvolva ansiedade. A genética também pode (mais uma vez, voltaremos a esse assunto no próximo capítulo). A personalidade, o ambiente, as circunstâncias da vida e toda uma série de fatores podem fazer com que uma criança que se preocupa se torne uma pessoa com ansiedade. Como eu disse, os medos passam com o tempo, a experiência e a confiança. As preocupações vêm e vão, para todos nós. Mas a ansiedade, se não for tratada, só piora.

Com a ansiedade, temos um escopo muito amplo. Não se trata de "de" ou "sobre" algo. É "eu tenho" ou "eu sou".

É um estado de ser: "Eu tenho ansiedade", "Eu sou ansioso". E, infelizmente, esse estado muitas vezes acaba nos definindo ou definindo as crianças que amamos. Em todos os meus anos de aconselhamento, nunca tive tantas meninas me dando declarações do tipo "eu sou" sobre ansiedade como nos últimos cinco anos, aproximadamente.

Assim como há uma continuidade do medo à ansiedade, há também uma continuidade dentro da própria ansiedade. A ansiedade parece diferente em diversas meninas. Ela varia em intensidade e expressão. Descreveremos essas meninas e as diferenças de suas ansiedades no próximo capítulo. Clinicamente, há vários tipos de ansiedade, inclusive o mais comum: transtorno de ansiedade generalizada (TAG); eles estão descritos no Apêndice 1. Mas, por enquanto, quero usar a palavra *ansiedade* em um sentido mais geral e defini-la como um estado de preocupação perpétua — um estado que retorna com frequência ou que parece nunca desaparecer.

A ansiedade é uma preocupação perpétua e também uma pressão constante. Uma garota com ansiedade se sente pressionada a ter certeza das coisas. A estar no controle. A fazer tudo certo. Saber o que está por vir. Fazer todo o possível para evitar que a coisa temida (em sua maneira ansiosa de pensar) aconteça.

As meninas com ansiedade superestimam a ameaça e subestimam a si mesmas e sua capacidade de lidar com a situação. O pior cenário possível se torna uma perspectiva de vida normal.

As ansiedades também acompanham o desenvolvimento da criança. Se fôssemos falar de uma criança pequena e de ansiedade, estaríamos falando da ansiedade de separação. Já aconselhei muitas meninas do ensino fundamental que vivem ansiosas com a possibilidade de algo ruim acontecer com seus pais. Nesta época em que as estatísticas mostram que o suicídio está aumentando, também vejo muitas meninas, desde o ensino fundamental até a adolescência, com ansiedade relacionada ao suicídio. Não é que elas sejam suicidas. O que acontece é que elas têm medo de fazer acidentalmente a coisa mais assustadora de que já ouviram falar. (Você se lembra do pensamento da ponte no início do capítulo?) Ao longo dos anos, vi muitas meninas se sentirem ansiosas com a possibilidade de vomitar na aula. Como você pode imaginar, na maioria das vezes, elas estão na quinta ou sexta série. Estão começando o ensino médio, e a pior coisa que podem imaginar é passar vergonha na frente dos amigos. Além disso, vomitar é um pouco infeliz em todos os sentidos. Para as meninas do ensino médio, sua ansiedade está ligada ao desempenho ou aos relacionamentos. Na cultura em que vivemos atualmente, ela também está frequentemente ligada à sua sexualidade.

Todos nós temos medo dessas coisas de vez em quando. Entretanto, essas crianças não pensam nelas apenas uma vez ou de vez em quando. Elas têm o mesmo lampejo de um pensamento assustador. Mas, lembre-se, com a ansiedade, elas superestimam o problema e subestimam a si mesmas. Uma pequena chance se torna um risco enorme do qual elas não conseguem se livrar. Assim, o pensamento ansioso começa a se repetir e dá voltas e mais voltas e mais voltas.

Um psiquiatra com quem trabalho regularmente e que respeito muito me disse há vários anos: "As crianças têm ansiedade em relação a qualquer coisa que seja basicamente a pior coisa que elas possam imaginar que aconteça na idade delas. No caso dos adolescentes, esses pensamentos são, na maioria das vezes, de natureza violenta ou sexual".

Na época, eu estava aconselhando uma garota do ensino médio que estava tendo pensamentos sexuais e violentos em relação a certas pessoas, incluindo seus amigos e até mesmo as crianças que ela tomava conta. Mas, deixe-me dizer a você, ninguém jamais saberia. Ela era o tipo de adolescente com quem você gostaria que sua filha crescesse. Era uma líder entre seus colegas. Era gentil e consciente e se esforçava muito em quase tudo o que fazia. Mas ela era cheia de ansiedade. De fato, conversamos muito sobre como aqueles pensamentos não eram dela. Eram sua ansiedade tentando assumir o controle. Lembra aquele velho Monstro da Preocupação? Sinceramente, não acredito que ela fosse capaz ou quisesse fazer essas coisas. Mas ela teve um lampejo de pensamento, e ele ficou preso. E ela literalmente pensou que estava ficando louca. Sua ansiedade estava enraizada em uma superestimação do problema e na falta de confiança em si mesma. Demorou meses para que ela se sentisse segura o suficiente para dizer em voz alta para mim as palavras que estavam em looping em sua cabeça. E quando ela o fez, sentiu muita vergonha ao dizê-las.

Outro fator primordial da ansiedade é que ela nasce do medo, mas tem uma reação desproporcional ao próprio medo. Neste verão, em nosso acampamento, uma menina chorou e gritou por mais de uma hora porque teve de passar por um enxame de insetos para chegar ao lago. Sua reação foi desproporcional ao seu medo, embora eu admita que os insetos eram terrivelmente nojentos.

Como a ansiedade se manifesta nas crianças de diferentes maneiras, o Monstro da Preocupação pode ser sorrateiro e difícil de reconhecer. Algumas crianças ansiosas gritam e choram. Elas ficarão furiosas com você se você interromper a programação ou o sistema delas. Ou talvez não. Suas reações podem ser enormes e barulhentas, e pode parecer que estão buscando atenção. Ou, em silêncio, podem passar horas repetindo os mesmos problemas de matemática para acertar.

Talvez você tenha notado que sua filha parece ter mais medos do que os amigos dela. Talvez ela fale com frequência sobre os piores cenários possíveis. Talvez o professor dela tenha mencionado a ansiedade. Ou sua filha mencionou. Seja qual for a situação, sei que você quer que sua filha se sinta mais corajosa, mais forte e mais inteligente. Você quer que ela tenha uma fé que lhe traga paz e conforto. Mas, no momento, isso não está acontecendo. O Monstro da Preocupação parece ter mais voz do que ela. E, como o Monstro da Preocupação dela está no controle, o seu Monstro da Preocupação está começando a aumentar o volume.

Quando você precisa se preocupar com o nível de preocupação dela

Pela minha experiência, acho que ler tudo isto pode deixá-lo mais preocupado do que antes. Você já viu sua filha várias vezes nestas páginas. Se já viu, não quero que se preocupe. Minha esperança é que este livro me faça perder o emprego. Eu lhe ensinarei estratégias de combate à ansiedade para tentar em casa primeiro. Seu relacionamento e trabalho em equipe na luta contra o Monstro da Preocupação serão as armas mais importantes para vencê-lo.

Para algumas meninas, entretanto, a compreensão da preocupação e as ferramentas para combatê-la podem não ser suficientes. Como conselheira, costumo comparar o processo terapêutico a um resfriado ou a uma infecção nasal. Os médicos não lhe darão antibióticos no início, pois querem que seu sistema imunológico faça o trabalho, sabendo que ele se torna mais forte por ter lutado contra a infecção. Há uma grande chance de que, entre você e sua filha, ela tenha tudo de que precisa para combater o Monstro da Preocupação. Ela ainda se preocupará de tempos em tempos, mas, com este livro, conhecerá seus truques e terá as ferramentas para administrar sua preocupação. Na verdade, ela se sentirá mais forte por ter travado essa batalha. Mas, às vezes, seu sistema imunológico simplesmente não consegue combater a infecção sozinho. Nesses casos, você precisa de um antibiótico.

O antibiótico para sua ansiedade pode ser simplesmente levá-la à terapia. A terapia pode parecer assustadora, mas não precisa ser. Costumamos falar na Daystar que não estamos dizendo às crianças nada diferente do que vocês como pais delas. Somos apenas uma nova voz, por isso, às vezes, elas nos ouvem um pouco mais alto. Também temos o treinamento e a experiência para ajudar as crianças a combater a ansiedade. Se parecer que você não é suficiente para ajudá-la, não é porque você não é suficiente. É que a ansiedade dela se enraizou a ponto de ela precisar de um antibiótico mais forte.

"Como encontro o orientador certo?", você pode estar se perguntando. Há orientadores em todo o mundo que fazem um trabalho fantástico com crianças. Pode ser uma ótima ideia você mesmo entrevistar o orientador primeiro. Vá até o escritório dele. Se você tiver um filho pequeno, verifique se o escritório é adequado para crianças. Você quer encontrar um conselheiro que seja afetuoso e gentil, mas que também possa ser forte quando necessário. E, obviamente, você quer um terapeuta que tenha bom treinamento e experiência no aconselhamento de crianças. E, a propósito, todas essas são perguntas apropriadas a serem feitas.

Toda vez que meus colegas e eu viajamos e damos palestras em todo o país, somos abordados pelos orientadores daquela cidade específica. Gostaria que tivéssemos uma base de indicações de orientadores que conhecemos e em quem confiamos em todas as cidades. Ainda não chegamos lá, mas sua escola ou igreja pode ser uma ótima fonte de indicações. Eles sabem por experiência própria quem trabalha bem com crianças e adolescentes. Não tenha medo de entrar em contato. Hoje em dia, quem gosta de crianças sabe que tanto elas quanto os pais precisam de apoio. E esse é o ponto principal do que todos nós, que nos chamamos de conselheiros e terapeutas, somos: apoio para seu filho e para você. Somos uma extensão da sua equipe pelo tempo que precisar de nós.

Como conselheira, preciso dizer que há momentos em que a terapia não é suficiente e a medicação é necessária. Alguns dos medicamentos mais comuns são os inibidores seletivos da recaptação de serotonina, ou medicamentos ISRS. Anos atrás, um psiquiatra me explicou o que eles são. Ele falou sobre o cérebro como se fossem dois carros. Descreveu as sinapses, aquelas lacunas nas células nervosas de nossos cérebros que estudamos nas aulas de ciências quando éramos crianças. Ele disse que a serotonina dispara através das sinapses, mantendo nosso cérebro funcionando como deveria — mantendo-nos emocional e mentalmente saudáveis. Quando estamos tristes ou ansiosos por um período suficientemente longo, a serotonina para de disparar. Nesse ponto, nenhuma terapia ou estratégia de intervenção pode ajudar, a não ser a substituição da serotonina. Ele comparou a medicação a um cabo de ligação que se estende de uma extremidade à outra de uma sinapse. A medicação faz com que ela volte a funcionar.

Sei que muitos pais têm medo de tomar medicamentos por causa de certos estudos e estatísticas que podem ter lido. Entendo a preocupação deles. Acredito que a medicação deve ser o último recurso para as crianças. Infelizmente, em nossa cultura, muitos pais estão mais propensos a medicar seus filhos do que a oferecer-lhes terapia. Acredito que a terapia faz uma grande diferença. Mas já tive centenas de situações em meu consultório em que a medicação foi necessária para a saúde emocional e mental de uma criança. Também já tive milhares de crianças que não precisaram de medicação e para as quais a terapia foi suficiente. Embora acredite que a medicação seja necessária em alguns casos, eu não avançaria na área da medicina sem antes buscar a terapia e consultar um psiquiatra infantil.

Quando você deve levar sua filha para a terapia?

Se você já tentou ajudar sua filha por conta própria com estratégias específicas desenvolvidas para a ansiedade, como as estratégias contidas neste livro, e elas não fizeram diferença.

Se sua filha sofre de ansiedade há vários meses, especialmente há mais de seis meses.

Se você observou sinais de ansiedade que se repetiram em vários estágios de seu desenvolvimento.

Se a autoestima de sua filha tiver sido afetada pela ansiedade a ponto de você sentir que ela está mostrando sinais de retraimento e até mesmo de depressão.

Se você perceber que ela está sofrendo nas principais áreas de sua vida: casa, escola e amizades.

Se ela não conseguir mais ir à escola.

Se a ansiedade a impedir de fazer as coisas de que ela mais gosta.

Se ela for afetada fisicamente a ponto de ficar realmente doente e o pediatra disser que não há causa física.

Seja qual for a situação, seja qual for o grau de preocupação que sua filha esteja enfrentando, garanto-lhe que ela pode superar isso. Assim como vi uma epidemia de ansiedade em meu consultório, também vi milhares de meninas que venceram seus Monstros da Preocupação.

Sei que você está pronto para que ela se livre de suas preocupações. Posso lhe garantir que ela também está. As crianças querem ser independentes. Ela não quer apenas que você sinta orgulho dela, ela quer sentir orgulho de si mesma. Mas lembre-se, especialmente se ela estiver ansiosa, ela se subestima. Ela precisa de ajuda. Ela precisa que você entenda não apenas o que está acontecendo com ela, mas também o porquê. (Dica: realmente existem motivos para falarem da bravura, da força e da inteligência que já estão dentro dela. Mas ela ainda não sabe disso.) Nesse meio-tempo, ela precisa que você acredite nela. Ela precisa que você a lembre com frequência de que ela é capaz. E ela precisa que você lhe dê oportunidades de provar isso.

Pontos-chave a serem lembrados

Todos nós temos centenas de pensamentos intrusivos diariamente. As crianças não dizem esses pensamentos em voz alta por medo de que alguém pense que há algo errado com elas.

As meninas tendem a se culpar pelas coisas. Por causa disso e de seu desejo de relacionamento, as meninas, em particular, têm dificuldade de dizer suas preocupações em voz alta.

Medo, preocupação e ansiedade existem no mesmo continuum.

Os medos são uma parte normal de seu crescimento. De fato, há medos típicos que as crianças enfrentam em diferentes estágios de seu desenvolvimento. A passagem desses medos tem a ver com dois fatores principais: experiência e confiança.

A preocupação é mais conceitual do que o medo. O medo se transforma em preocupação quando as evidências aumentam a probabilidade de o fato assustador acontecer.

As crianças desenvolvem suas próprias estratégias para lidar com a preocupação.

A ansiedade é um estado de preocupação perpétua e pressão constante.

A ansiedade, se não for tratada, só piora.

A ansiedade sempre envolve uma superestimação do problema e uma subestimação de si mesmo.

A ansiedade nasce do medo, mas tem uma reação desproporcional ao medo.

Para algumas crianças, é necessário aconselhamento e até mesmo medicação para lidar com seu nível de ansiedade. Isso não significa que você não esteja ajudando como pai ou mãe. Significa apenas que você precisa de uma equipe maior e mais especificamente treinada.

Sua filha pode vencer o Monstro da Preocupação. Ela precisa que você a lembre e lhe dê oportunidades.

Quanto mais você e ela aprenderem sobre as preocupações dela, mais fracas elas se tornam. Quanto mais ela as ouve, mais fortes elas se tornam.

Entendendo melhor você e sua filha

- O que você percebeu sobre sua filha depois de ler este capítulo?
- O que percebeu sobre si mesmo?
- Você tem pensamentos em looping? Sua filha tem? Sobre o que são esses pensamentos?
- Você acha que ela se inclina mais para o medo, a preocupação ou a ansiedade?
- Você já teve problemas com ansiedade, com base nas descrições deste capítulo?
- Em caso afirmativo, quantos anos você tinha e qual era o foco de sua ansiedade?
- Sua filha superestima as ameaças?
- Será que ela se subestima?
- Você tem dificuldades com algum desses conceitos?

- O que você deseja para ela depois de ler as páginas deste capítulo?
- Onde você vê sua filha como capaz e forte?
- Quando você poderia aproveitar a oportunidade para lembrá-la dessas coisas?

CAPÍTULO 2
POR QUE ELA?

Recebi uma mensagem de texto de uma amiga esta semana que sabia que eu estava trabalhando neste livro. "O negócio é o seguinte", disse ela. "Queremos saber (1) como podemos ajudar nossos filhos e (2) o que fizemos para causar esse problema. Todas nós estamos sentindo muita culpa de mãe aqui."

Não quero que você leia este livro com culpa de mãe, de pai ou de qualquer outra pessoa. Se sua filha é preocupada ou tem ansiedade, sei que você pode estar se perguntando: "Por que ela?". É muito provável que ela esteja se perguntando: "Por que eu?".

Vou lhe dizer o que digo a todas as garotas que enfrentam ansiedade: "Você se sente assim porque é realmente ótima. As garotas mais inteligentes, conscientes, esforçadas e preocupadas com as coisas que conheço são as que lutam contra a ansiedade. Sinceramente, é porque você é incrível. Você se preocupa muito, e esse é o principal motivo de sua preocupação".

Estou falando sério — vamos começar por aí. As meninas que vejo que vivem com ansiedade são algumas das mais trabalhadoras, atenciosas, intencionais, gentis e brilhantes que conheço. As coisas são importantes para elas. *Tudo é* importante para elas, o que pode tornar a vida difícil. E pode ser difícil saber quando ou como desativar esse tipo de cuidado.

Além disso, é útil para ela saber que está em boa companhia. Eu digo às meninas que a ansiedade é o principal problema de saúde mental entre crianças e adolescentes.[1] Não que eu use necessariamente o termo "saúde mental" em meu consultório com as meninas. Isso soa como a catastrofização sobre a qual falaremos mais tarde. Mas é *muito* útil para ela saber que não é a única que está sofrendo. Eu explico da seguinte forma: "Converso com garotas todos os dias que se preocupam mais do que gostariam. Elas têm dificuldade em desligar seus bons cérebros e, por isso, têm muitos pensamentos em looping. E acredite em mim, já ouvi garotas dizerem que estão preocupadas com tudo o que você possa imaginar. Não há nada que você possa dizer que me surpreenda ou que me faça pensar menos em você".

Então, vamos falar sobre a boa e predominante companhia que ela está mantendo.

Aqui estão algumas estatísticas relacionadas à ansiedade:

- A ansiedade é o principal problema de saúde mental enfrentado por crianças e adolescentes atualmente e tem sido assim há mais de uma década.[2]
- A ansiedade também é o principal problema de saúde mental para adultos.[3]
- Metade dos adultos que relatam ansiedade diz que ela começou quando eram crianças.[4]
- Embora possam aparecer mais cedo, sabe-se que os sintomas surgem em crianças a partir dos quatro ou cinco anos de idade.[5]
- As estatísticas mostram que uma em cada cinco crianças desenvolve um transtorno de ansiedade, e muitas outras estarão na periferia dessa estatística.[6]
- Crianças e adolescentes ricos correm um risco especialmente alto de desenvolver transtornos de ansiedade.[7]
- Os adolescentes e jovens adultos de hoje têm de cinco a oito vezes mais probabilidade de apresentar sintomas de transtornos de

ansiedade do que as pessoas na história, inclusive durante eventos como a Grande Depressão, a Segunda Guerra Mundial e a Guerra Fria.[8]
- A ansiedade não tratada em crianças é um dos maiores preditores de depressão na adolescência e na idade adulta.[9]
- O período médio que uma criança passa por ansiedade antes de iniciar a terapia é de dois anos.[10]

De acordo com o Instituto Nacional de Saúde Mental, "estima-se que 31,1% dos adultos norte-americanos tenham algum transtorno de ansiedade em algum momento de suas vidas".[11] Isso significa que mais de um quarto de seus amigos, colegas e vizinhos lutam contra a ansiedade. Um em cada cinco alunos da classe de sua filha não apenas lutará contra a ansiedade, mas desenvolverá um transtorno de ansiedade. E há diferenças nas taxas de meninos e meninas — na prevalência da ansiedade e no tratamento dela.

Na adolescência, as meninas têm duas vezes mais probabilidade de desenvolver um transtorno de ansiedade do que os meninos.[12] No entanto, segundo a dra. Tamar Chansky, os meninos são mais levados para tratamento do que as meninas.[13] Por quê? O que está acontecendo com as meninas?

A pressão que as meninas enfrentam

Leonard Sax diz: "Cada vez mais garotos estão desenvolvendo uma capacidade epicurista de se divertir — para desfrutar de videogames, pornografia, comida e sono —, mas muitas vezes não têm o impulso e a motivação para ter sucesso no mundo real fora do quarto. Cada vez mais suas irmãs têm esse impulso e motivação em abundância — mas não sabem como relaxar, se divertir e aproveitar a vida".[14]

Lembre-se de que as meninas são muito mais propensas a distorcer as coisas contra elas mesmas. O problema está dentro delas e, portanto, elas precisam se esforçar mais e se sair melhor em quase tudo. A tragédia é que elas estão se esforçando mais sem tanta contribuição ou assistência. Sax continua dizendo: "Nunca houve uma cultura em que as meninas tivessem tantas oportunidades e, ainda assim, recebessem tão pouca orientação estruturada".[15]

Só porque ela pode...

É provável que sua menina preocupada também seja confiável. Se ela tiver idade suficiente e você tiver filhos menores, sabe que ela cuidará deles se você a deixar no comando. Ela pode fazer a lição de casa sozinha, enquanto você precisa cobrar o irmão dela várias vezes. Você certamente não pediria a *ele* que preparasse o almoço dela para a escola, mas ela é capaz, afinal de contas. Ela é responsável. Ela é consciente. Ela também está sentindo uma imensa pressão.

Como essas meninas podem fazer quase tudo, geralmente esperamos que elas façam tudo. E o que descobri em meu consultório é que os pais costumam ser mais severos com o primogênito do mesmo sexo. Portanto, mamães, eu diria, com todo o respeito, que vocês esperam muito dela. Que ajude com seus irmãos mais novos. Que mantenha seu quarto limpo. Que seja um modelo a ser seguido. Que seja respeitosa, gentil e amigável, tire boas notas e faça suas tarefas.

Ela quer agradar você. Mesmo quando ela é mais velha e é difícil perceber além das reviradas de olhos da pré-adolescência, ela ainda quer agradar você. Ela não quer decepcioná-la. Não quer decepcionar seu professor. Não quer decepcionar seus amigos. E ela realmente odeia fracassar.

Também estamos vivendo em uma época em que se fala que as meninas podem fazer qualquer coisa, o que é fantástico em muitos aspectos. Acadêmicos. Atletismo. Posições de liderança. Serviço. Artes. Relacionamentos. Quando estávamos crescendo, as meninas não tinham a oportunidade de se envolver em tantas coisas como têm agora. Mas o fato de saberem que *podem*, às vezes, faz com que se sintam obrigadas a isso. A oportunidade se torna expectativa, aos olhos delas. Às vezes, nós os pressionamos porque "nunca tivemos a chance de fazer essas coisas quando éramos mais jovens", mas eles também se pressionam com frequência. Ao longo dos anos, conversei com centenas de pais que me disseram que suas filhas estabelecem expectativas mais altas para si mesmas do que eles jamais poderiam estabelecer para elas. Mas essas expectativas geralmente nascem do desejo de agradar.

"As meninas superam os meninos nas admissões em faculdades e pós-graduações", diz a escritora da CNN Rachel Simmons, mas, "de acordo com um estudo da Universidade da Califórnia, em Los Angeles, as calouras da faculdade nunca foram tão solitárias ou menos felizes".[16] Como uma garota me disse recentemente no aconselhamento: "É tudo demais. É como se eu tivesse muitas escolhas e muitas oportunidades com relação ao que quero fazer com minha vida. Ainda estou tentando descobrir quem eu sou. Sinto que tenho toda a percepção do mundo, mas não tenho ideia do que fazer com ela. É realmente impressionante".

Você já está sentindo a pressão só de ler sobre isso? As meninas têm uma tempestade perfeita se formando dentro delas e ao seu redor. Elas têm medo de fracassar. Elas se preocupam profundamente. São capazes e conscientes. Elas têm todas as oportunidades à sua frente. Elas esperam muito de si mesmas. Às vezes, esperamos muito deles. E, por sua vez, querem que nós os valorizemos e nos contentemos com eles... e querem que todos os relacionamentos que vierem depois de nós façam o mesmo. E tudo isso acontece antes de chegarem aos oito anos de idade.

Inclusive, em 2010, um estudo publicado na revista *Pediatrics* relatou que 15% das meninas estavam iniciando a puberdade aos sete anos de idade, afirma a psicoterapeuta Allison Edwards em seu livro *Why Smart Kids Worry: and What Parents Can Do to Help* [Por que crianças inteligentes se preocupam: e o que pais podem fazer para ajudar, em tradução livre].[17] Portanto, além de toda a pressão ao seu redor, elas também têm emoções e hormônios girando dentro delas, que são confusos e avassaladores. As meninas amadurecem mais rapidamente do que os meninos e, com essa maturidade, vem a sensibilidade emocional. Em essência, suas emoções estão superando sua capacidade de processá-las. Não se sabe ao certo por que isso está acontecendo mais rápido do que nunca, mas um pesquisador comentou: "Nos últimos trinta anos, encurtamos a infância das meninas em um ano e meio".[18]

E ainda há a imagem corporal. As estatísticas a seguir são do Body Image Therapy Center [Centro de Terapia de Imagem Corporal, em tradução livre] e de um relatório da especialista em distúrbios alimentares Heather Gallivan:

- 89% das meninas já fizeram dieta até os dezessete anos de idade;[19]
- 15% das mulheres jovens têm distúrbios alimentares;[20]
- 42% das meninas do primeiro ao terceiro ano querem perder peso;[21]
- 45% das meninas do terceiro ao sexto ano querem ser mais magras;[22]
- 51% das meninas de nove e dez anos dizem que se sentem melhor consigo mesmas quando estão fazendo dieta;[23]

- 80% das crianças de dez anos têm medo de serem gordas;[24]
- 53% das meninas de treze anos estão insatisfeitas com seu corpo;[25]
- 78% das meninas de dezessete anos estão insatisfeitas com seu corpo.[26]

As meninas se sentem muito pressionadas — para agradar, para atuar, para se destacar, para ser responsável. Além disso, querem estar bonitas enquanto fazem tudo isso, e de forma bem-feita. Elas sentem pressão antes de terem idade suficiente para entendê-la. Ainda não têm as habilidades necessárias para lidar com isso, e é aí que nós entramos.

Precisamos ajudar as meninas a valorizar mais o processo do que o sucesso. Queremos que elas se concentrem no esforço que podem controlar, e não em um resultado que não podem. Precisamos incentivar as meninas mais pelo seu esforço do que pelo resultado. Precisamos comemorar os sucessos parciais. Precisamos falar sobre nossos próprios fracassos e rir de nossos próprios erros. Precisamos equipá-las com ferramentas para combater não apenas suas preocupações mas também as pressões internas e externas que enfrentam diariamente. E precisamos ajudá-las com uma das maiores pressões que nunca tivemos de enfrentar em nossa infância: a tecnologia.

A tensão da tecnologia

Atualmente, o Snapchat e o Instagram são as principais formas de comunicação das meninas. Elas têm plena consciência do número de seguidores e de "curtidas" em tudo o que fazem. Se uma garota não recebe "curtidas" suficientes em uma foto que publica no Instagram, ela a retira do ar. Em outras palavras, ou, talvez devêssemos dizer, nas palavras dela: "Se eu não obtiver aprovação suficiente, o que quer que eu tenha experimentado não é válido". Ela não necessariamente diz isso em voz alta, mas é o que está acontecendo. A pressão é postar o suficiente para manter as pessoas interessadas, mas não o suficiente para irritá-las. Além disso, as meninas acham que precisam se posicionar da maneira certa, sorrir o suficiente, parecer bonitas, posar com as pessoas "certas" e ter uma legenda inteligente, tudo ao mesmo tempo. Esta semana, uma menina do sétimo ano me contou que, em uma festa do pijama com uma amiga, elas passaram três horas tentando encontrar a legenda perfeita para uma foto. Três horas. Elas acabaram não publicando a foto porque não conseguiram resolver o problema. Isso é que é pressão.

Com relação ao Snapchat, uma das maiores tendências do momento são os Snapstreaks. Recentemente, conversei com outra garota do ensino médio sobre as "sequências", como os adolescentes as chamam. Na verdade, ela conversou comigo, porque eu estava tendo dificuldades para entender o conceito — ou talvez apenas o raciocínio por trás dele.

"Eu só tenho umas dez sequências, mas muitos dos meus amigos têm trinta", ela me disse. Uma sequência é quando vocês enviam uma mensagem ou foto uns para os outros todos os dias durante determinado número de dias. "Algumas pessoas têm sequências de cem dias. Conheço uma garota que teve uma sequência de seiscentos dias com alguém." (Caso esteja se perguntando, isso equivale a um ano, sete meses e três semanas. Eu nem sabia que as sequências existiam há tanto tempo.) "Basicamente", continuou ela, "se você não tem uma sequência de dias com alguém, significa que você não gosta dessa pessoa".

Quando perguntei quanto tempo ela levava para responder às suas sequências, ela disse: "De trinta minutos a uma hora. É um pouco difícil com a lição de casa e os treinos esportivos. Mas com certeza não quero que meus amigos pensem que estou brava com eles. E não consigo parar com a maré de azar!". Sua última frase para mim, quando perguntei como as sequências beneficiavam suas amizades, foi: "Eu acho que isso não acontece. Mas não sei o que seria dos meus relacionamentos se eu não as mantivesse. Tenho medo de perdê-los".

Sequências de Snapchat? Não consigo nem ligar de volta para as pessoas diariamente, quanto mais acompanhar trinta mensagens de rede social para lá e para cá. Você consegue perceber a pressão que essas crianças sofrem? Recentemente, conversei com uma mãe que manteve as sequências da filha enquanto ela estava em uma viagem missionária de um mês porque a menina estava muito preocupada em perdê-las.

No momento em que você estiver lendo isto, provavelmente haverá uma nova plataforma de mídia social que terá inventado maneiras ainda mais cheias de pressão para manter as garotas que amamos engajadas (e engajadas constantemente). Elas estarão ainda mais conscientes das festas que estão perdendo e das reuniões de que estão sendo excluídas, o que contribui para a ansiedade e a depressão que vejo diariamente em meu escritório. Curiosamente, li há pouco um estudo que dizia que as meninas relataram que a mídia social não contribui para sua ansiedade ou depressão. Não é isso que elas me dizem a portas fechadas em meu consultório.

Poderíamos falar longamente sobre a tensão que elas e nós sentimos com relação à tecnologia, mas isso ocuparia todo este livro. Basta dizer que acredito que as crianças precisam aprender gradualmente o uso responsável da tecnologia. Elas ganham mais privilégios quando provam ser responsáveis e à medida que amadurecem emocionalmente. Queremos ir devagar e adiar o uso da tecnologia por conta própria pelo máximo de tempo possível, sabendo que ela é a principal forma de comunicação entre eles. Mas também é um fator que contribui significativamente para a ansiedade com a qual vemos as meninas lidarem diariamente.

No entanto, a ansiedade relacionada à tecnologia começa cedo e não é resultado apenas das redes sociais. Um médico me disse recentemente que somente a enxurrada de estímulos em uma tela — as imagens e sons constantes — cria um estado elevado de excitação no cérebro das crianças. Quando elas vivem nesse estado elevado por muito tempo ou com muita frequência, o cérebro tem dificuldade para se acalmar novamente. Novamente, poderíamos falar sobre a tecnologia e seu impacto nas meninas de muitas maneiras. O ponto principal é que está aumentando a ansiedade delas. Elas precisam de nós para ajudá-las a aprender a usar a tecnologia de forma responsável e adequada, o que é extremamente difícil diante dessa pressão. Mas elas certamente precisam que tentemos.

Há quinze anos, dei um dos meus primeiros seminários sobre criação de meninas. Nunca me esquecerei do pai que veio até mim depois da palestra e disse: "Mal posso esperar para ir para casa e dizer às minhas filhas que eu não tinha ideia de como era difícil ser uma menina". Adoro o coração desse pai e seu desejo de se comunicar e se conectar com suas filhas.

É difícil ser uma menina. Mas o fato de os pais tentarem compreendê-las e entender seus mundos pode ajudar a aliviar suas preocupações. Converse com sua filha. Faça perguntas sobre a pressão que ela sente fora e dentro de si. Pergunte a ela sobre a cultura de sua escola e sobre a tensão que ela sente em relação à tecnologia. E depois vá se divertir com ela. Ajude-a a voltar a relaxar, brincar e aproveitar a vida sobre a qual Leonard Sax falou no início do capítulo. Isso seria bom para vocês dois e para seu relacionamento.

Perfis de uma menina ansiosa

Já estabelecemos que as meninas estão lutando contra as preocupações e a ansiedade mais do que nunca, mas, conforme mencionado anteriormente, elas estão procurando menos tratamento. Por quê?

Laura procurou aconselhamento aos doze anos de idade, mas suas preocupações começaram muito antes. Sua mãe me mostrou uma foto da festa de aniversário de seis anos de Laura. A irmã mais nova de Laura estava rindo e de braços dados com ela. Laura, por outro lado, estava chorando em cima do bolo. Sua mãe olhou para mim, encarando a foto, sorriu e disse: "Começou cedo com ela". Ela descreveu Laura como complacente, gentil, sensível e tímida. Ela era a filha mais velha de quatro irmãos. Por ser introvertida, não fazia amigos com facilidade, mas tinha alguns amigos próximos nos primeiros anos do ensino fundamental. Nos anos finais, as amizades ficaram mais difíceis. Na maioria dos dias, ela voltava da escola para casa desanimada e desmotivada pelas experiências com os colegas. Ela sentia que não conseguia se relacionar e se afastava cada vez mais das tentativas. Seus pais a tranquilizavam, persuadiam e tentavam animá-la, mas nada estava funcionando. Então, eles trouxeram Laura para me ver.

Sophia veio para aconselhamento quando tinha sete anos. Sophia era a mais nova de sua família — e também a mais impulsiva. Ela era agitada, um pouco agressiva e muito divertida. Ela se metia em problemas em casa e estava começando a ter problemas na escola. Brincava mais com os meninos no parquinho do que com as meninas, e seus pais estavam ficando preocupados. Talvez até mais do que preocupados, eles estavam cansados. "Estamos nos perguntando se ela tem TDAH. Ela tem explosões de raiva. Tem dificuldade de se concentrar na aula. Fica furiosa conosco e diz coisas sem pensar. E as meninas da classe parecem não querer ficar perto dela." Sinceramente, também me perguntei se Sophia poderia ter algum tipo de déficit de atenção.

Ela era impulsiva, tinha dificuldades de se concentrar na escola e também não percebia sinais sociais, o que é um indicador de transtorno de déficit de atenção com hiperatividade (TDAH) em muitas meninas. No entanto, quando foi testada, ela registrou um índice muito maior de ansiedade do que de qualquer tipo de dificuldade de atenção.

Como observação, se você acredita que seu filho possa estar lutando contra ansiedade clínica ou TDAH, ou uma ampla variedade de obstáculos psicológicos ou de aprendizado, os testes podem ser uma ferramenta profundamente útil. Sempre digo aos pais que os testes aceleram significativamente o processo terapêutico. Por exemplo, o TDAH e a ansiedade podem ser muito semelhantes em termos sintomáticos, mas são muito diferentes na metodologia de tratamento. Portanto, ele proporciona aos conselheiros um escopo mais amplo e antecipado de compreensão do que será mais útil para seu filho. O teste neuropsicológico é feito por um psicólogo clínico licenciado. Seu pediatra pode ser uma ótima fonte de referência para um local confiável de testes psicológicos.

Ella está no primeiro ano do ensino médio. Tira boas notas. Faz viagens missionárias em suas férias de primavera e verão para países estrangeiros, onde trabalha em orfanatos. Ela é uma oficial da National Honor Society [Sociedade Nacional de Honra, em tradução livre] e uma das meninas de seu grupo de jovens que tenta ajudar as mais novas a se sentirem confortáveis. É um prazer estar com ela. Mas tudo isso tem um grande custo. Ela se sente sobrecarregada e chora sempre que desacelera. Está começando a mostrar sinais de depressão, embora disfarce bem com trabalho e sorrisos. De acordo com Ella, sua ansiedade é o que a faz continuar. Mas ela não tem ideia do verdadeiro impacto que isso está causando em seu coração.

Emma veio me ver porque estava tendo dores de estômago todos os dias na escola. Ela chegava muito cedo em casa. Ela foi ao pediatra três vezes e não havia nada de errado fisicamente. Ele encaminhou sua família para a Daystar. Emma tinha muita dificuldade de falar sobre seus sentimentos. Ela tinha um sorriso enorme e parecia ser mais extrovertida do que introvertida. Era amada pelos professores na escola e pelos amigos também, de acordo com sua mãe. Mas quanto mais conversávamos, mais ficava claro que Emma não se sentia amada. Ela era muito sensível. Observava e absorvia muita coisa e sentia que até mesmo o menor sinal de um de seus amigos era uma ruptura enorme no relacionamento deles. Ela sentia profundamente, e todos esses sentimentos estavam saindo em sua barriga.

Victoria tinha dez anos de idade e era muito quieta. Mal dava para ouvir sua vozinha quando ela falava. Normalmente, ela queria que a mãe a acompanhasse quando vinha ao meu consultório e relutava em deixar a mãe sair na metade da sessão. Victoria era medrosa e extremamente rígida. Ela confessava cada pensamento ou sentimento "ruim" que tinha. Ela tinha dificuldade de deixar esses pensamentos de lado e também tinha dificuldade de fazer escolhas e transições. Antes da escola e a hora de dormir eram seus momentos mais difíceis do dia. Ela tinha crises sobre o que vestir pela manhã e tinha dificuldade de adormecer por ensaiar todas as coisas que achava que tinha feito de errado durante o dia. Victoria e seus pais estavam exaustos.

Na maior parte das vezes, a ansiedade que Victoria e as outras garotas sentem está apenas sob a superfície. Ou está sob o que consideramos introversão, perfeccionismo ou até mesmo tendências de TDAH. Uma garota ansiosa pode evitar esportes por medo de decepcionar a equipe. Talvez ela evite os amigos por medo de dizer a coisa errada e, como resultado, tenha menos. Talvez ela tenha dificuldade de dormir ou passe muito tempo tentando fazer a lição de casa da maneira certa. Talvez ela lave as mãos continuamente ou faça um milhão de perguntas, buscando garantias.

A preocupação é diferente em cada menina, e em cada pai. Mas a maioria dos pais de meninas preocupadas vem ao meu consultório dizendo algo como: "Ela é assim mesmo" ou "Ela sempre foi assim". Eles, entretanto, se sentem preocupados e cansados. Todas as meninas sentem que as coisas não estão bem... e, em sua mente, é provável que seja porque há algo errado com elas. A pressão e as preocupações que sentem continuam aumentando, mas elas não têm as ferramentas para lidar com isso.

Uma ferramenta útil que também é apresentada no livro de atividades *Braver, Stronger, Smarter: a Girl's Guide to Overcoming Worry* é o que chamo de termômetro de preocupações. Quero que ela (e você) meça a sua "temperatura de preocupação" em uma escala que mostra a intensidade dessa preocupação em um determinado momento. Qual é o seu nível de preocupação atualmente? Qual você acha que é o dela?

Como mencionei anteriormente, as meninas que se preocupam geralmente têm um exterior que não corresponde ao interior. Sua preocupação sobe no termômetro e, em vez de dizer: "Estou preocupada, mãe" ou "Estou um pouco ansiosa, pai. Você pode me ajudar?", elas explodem de raiva. (Lembre-se de que elas ainda não têm as palavras ou as ferramentas para fazer algo diferente disso.) Ou implodem em lágrimas e vergonha, ou simplesmente se retraem. A maioria das meninas — a maioria de nós — se inclina para um lado ou para o outro. Processamos nossas preocupações e ansiedade externa ou internamente, e o perfil de preocupação de sua filha terá a ver com a maneira como ela se inclina.

Os explosivos

As preocupações dos explosivos vêm à tona. Eles não são necessariamente rotulados como ansiosos por seus professores ou pais. É mais provável que sejam rotulados como irritados, como alguém que busca atenção ou simplesmente como problemáticos. Especialmente em crianças pequenas, o comportamento é muito mais fácil de ver do que qualquer tipo de preocupação que possa estar dentro delas. Seus sentimentos são exagerados. Elas gritam. Ficam frustradas com você, mas ainda mais frustradas com elas mesmas. E deixam você perceber isso. Na verdade, para um processador de preocupação externo, você se torna a principal habilidade de enfrentamento. Em outras palavras, eles têm sentimentos enormes. Não sabem o que fazer com esses sentimentos. E acontece que você está por perto. Acontece também que você representa algo seguro e as amará, não importa o que aconteça. Assim, as pessoas explosivas explodem. Elas gritam e choram e lhe dizem: "VOCÊ NÃO ESTÁ FAZENDO ISSO DIREITO!".

A questão é que o verdadeiro motivo pelo qual o rabo de cavalo dela "não está certo" é que ela está preocupada com a festa de aniversário e se saberá o que dizer ou como falar com os amigos. Você não está fazendo as contas direito porque ela está em pânico para manter as boas notas e agradar a professora.

As pessoas explosivas sentem que precisam estar no controle. Elas se tornam rígidas quando as coisas parecem fora de controle, e suas preocupações e emoções ficam ainda maiores. Suas explosões são como uma válvula de escape. Elas funcionam por meio da região de luta ou fuga do cérebro, mas em geral não sentem que podem de fato lutar com ninguém além de você. Elas se sentem melhor quando a explosão termina, mas você se sente pior. E, geralmente, em algum momento, elas também ficam mal e vêm até você em lágrimas, pedindo desculpas. Talvez até se desculpem várias vezes, pois as pessoas que explodem tendem a confessar demais.

Você consegue adivinhar qual de nossas meninas descritas anteriormente é uma explosiva? Você acertou: Sophia. Sophia é uma clássica explosiva. Ela tenta manter suas preocupações sob controle, mas é impulsiva o suficiente para que elas saiam de qualquer maneira. Ela tem dificuldade para se concentrar na aula, mas não porque seu cérebro não consegue se concentrar, e sim porque ele está tão ocupado com suas preocupações que não há tempo para se concentrar nos trabalhos escolares.

Victoria também é uma pessoa que explode. Mas ela fica quieta até explodir. As duas meninas usam os pais como principal método de enfrentamento. Suas emoções sobem na escala de preocupação. Elas tentam processá-las externamente, o que, na maioria das vezes, envolve gritar. (Como adultos, chamamos isso de desabafo.) Mas a gritaria, ou a conversa em voz alta e emocionalmente elevada, só piora as coisas para todos os envolvidos. As meninas e seus pais precisam de ferramentas para ajudá-las a encontrar outras habilidades de enfrentamento mais construtivas e menos prejudiciais. Essas ferramentas serão apresentadas na próxima seção.

Os implosivos

Os explosivos se voltam contra outra pessoa, mas os implosivos se voltam principalmente contra si mesmos. Laura, Ella e Emma são exemplos de implosivos. Elas minimizam seus sentimentos e depois se culpam por eles. Enquanto isso, os sentimentos geralmente têm expressões físicas. Seus corpos contam a história com dores de estômago ou de cabeça.

Por fora, elas geralmente parecem crianças exemplares e, por isso, também não percebemos sua preocupação. Elas sorriem e se esforçam muito, mesmo que tendam a ficar um pouco atrás de você quando está falando com as pessoas depois da igreja. Em geral, estão entre os melhores alunos, embora achem intimidador levantar a mão. Não é o fato de não saberem a resposta. É que elas estão tão preocupadas com os outros e se culpam que acham que há uma grande probabilidade de que a resposta certa esteja errada e elas pareçam tolas.

Os implosivos também querem estar no controle. Mas, em vez de tentar manter o controle exteriormente e depois explodir quando não o têm, eles se retraem. Eles evitam a situação que os faz se sentir fora de controle. E se tornam mestres em esconder esses sentimentos. Nesse meio-tempo, os sentimentos têm de vir à tona, de uma forma ou de outra.

Recentemente, conversei com um pai que me garantiu que sua filha de doze anos estava bem, apesar de ela lavar as mãos mais de vinte vezes por dia. Ninguém sabia realmente o que estava acontecendo dentro dela, embora a mãe tivesse uma suspeita de que algo não estava certo. A menina era agradável, tirava boas notas e respeitava todos os adultos em sua vida. Mas, novamente, seu exterior não correspondia ao que estava acontecendo em seu interior. Ela parecia "bem" quando entrou em meu consultório, exatamente como seu pai havia dito. Você já deve ter ouvido falar que FINE (bem, em inglês) é um acrônimo para *Feelings in Need of Expression* [sentimentos que precisam ser expressos, em tradução livre], que era exatamente o que estava acontecendo com ela. Seus sentimentos não estavam sendo expressos diretamente, e sim por meio da lavagem compulsiva das mãos. Ela precisava de outras ferramentas. Suas habilidades de enfrentamento estavam machucando mais a ela do que aos outros, que era exatamente o que ela pretendia. Mas a dor era difícil de detectar, como acontece com muitas meninas que se preocupam.

Indicadores de temperamento

Há uma grande chance de que o temperamento dessa menina, desde pequena, tenha apontado para tendências de preocupação. O professor de psicologia de Harvard, Jerome Kagan, fez muitas pesquisas sobre o temperamento das crianças. A repórter *do New York Times* Robin Marantz Henig escreve que Kagan acredita que algumas crianças são "programadas para se preocupar" desde os quatro meses de idade. Essas crianças demonstraram uma forte reação a "pessoas ou situações novas". E, com base em estudos longitudinais de Harvard e de vários outros grupos de pesquisa, os bebês com reações fortes crescem e se tornam adolescentes e adultos ansiosos. Eles têm o que é chamado de amígdala hiper-reativa, que é a região do cérebro que luta ou foge, sobre a qual falaremos mais na seção *Ajuda*. Como resultado, ele disse que de 15% a 20% das crianças são mais predispostas à ansiedade do que outras.[27]

Em nossa prática de aconselhamento, também observamos uma tendência à ansiedade em crianças que são naturalmente superdotadas. Isso tem a ver, em parte, com seus pontos fortes inerentes: observação aguçada e processamento cognitivo avançado, níveis mais altos de sensibilidade emocional e empatia e imaginação ativa. Como essas crianças também podem ser bastante literais, perfeccionistas e concretas em seus pensamentos, elas às vezes têm competências mentais que superam suas competências sociais. Sua inteligência se torna sua identidade, e a competição e o senso de estar certas podem sobrepujar a importância de ser gentil. Nesse ponto, elas têm consciência suficiente para perceber que interagem com o mundo de forma diferente, mas não conseguem superar sua própria superdotação para se relacionar com outras crianças. As discrepâncias em seus níveis de maturidade e as dificuldades de conexão, por sua vez, levam ao aumento da ansiedade nessas crianças superdotadas.

Os temperamentos alarmistas do mundo também parecem predispostos à ansiedade. As crianças que não apenas distorcem as coisas negativamente contra si mesmas, mas também distorcem as coisas negativamente em geral, lutam contra a preocupação mais do que as outras crianças. Elas não apenas acreditam que o céu está caindo, mas que provavelmente cairá sobre elas. Os psicólogos chamam isso de viés de negatividade. Um viés de negatividade significa que não apenas vemos o negativo mais rapidamente, mas também sentimos seu impacto com mais intensidade. Em outras palavras, encontramos o que estamos procurando e isso nos machuca. Então, Chicken Little cria uma situação do tipo galinha ou ovo.

Quando uma criança (ou adulto) é negativa, ela tende a ver mais coisas negativas ao seu redor e a se sentir mais negativa em relação ao mundo. A negatividade gera negatividade, gera ansiedade. E, para isso, ela é "sempre deixada de lado", "nunca é escolhida primeiro" para o time, o professor "sempre chama mais as outras crianças" e "nunca é incluída quando as outras crianças saem". O viés da negatividade leva a mais isolamento e mais ansiedade em uma criança que, em primeiro lugar, já tinha essa predisposição. E o problema ainda maior é que nós caímos nessa. Fique ligado para saber mais sobre isso.

Fatores experienciais

> Eu lhes disse essas coisas para que em mim vocês tenham paz. Neste mundo vocês terão problemas; contudo, tenham coragem! Eu venci o mundo. — João 16:33

É o versículo ao qual voltaremos nos capítulos finais deste livro. Você sabe que coisas difíceis acontecerão na vida de sua filha, por mais que deseje evitá-las. Ela terá dias difíceis na escola, quando os amigos forem maus com ela ou a deixarem de lado. Haverá mágoa entre os membros da família, por exemplo, quando um irmão a xingar. É inevitável que você estrague tudo e a magoe também. Tudo isso faz parte da vida em um mundo decaído e do convívio e amor com outros pecadores. Falhamos uns com os outros diariamente, e isso dói.

Como conselheira, acredito que nunca foi tão importante falar sobre como os problemas que sua filha enfrentará podem levar à resiliência. Na verdade, as crianças são imunizadas contra o estresse ao lidar com situações estressantes. Queremos que ela aprenda a ver as dificuldades como oportunidades. E, em última análise, como Deus pode e usará a dor em sua vida — até mesmo uma grande dor — para o bem dela e para a glória dele. Essa será uma lição à qual voltaremos várias vezes neste livro, e você voltará a ela ao longo da vida de sua filha. Essas experiências de mágoa, no entanto, também podem gerar ansiedade, especialmente quando são maiores do que o trauma.

Há muita conversa sobre trauma na cultura atual. Há relatos de que mais de dois terços das crianças de hoje passam por um evento traumático até os dezesseis anos de idade.[28] O trauma é definido pela Associação Americana de Psicologia como "uma resposta emocional a um evento terrível, como um acidente, estupro ou desastre natural".[29] Após o trauma, as pessoas que o sofrem podem sentir extrema tristeza, raiva, transtorno de estresse pós-traumático (que é um transtorno relacionado à ansiedade sobre o qual falamos no Apêndice 1) ou outros problemas físicos, mentais e emocionais relacionados a ele.

Ainda não se sabe exatamente qual é a correlação entre trauma e ansiedade. A psicóloga clínica Bridget Flynn Walker diz que não há dados empíricos que sugiram qualquer causalidade definitiva.[30] Entretanto, a autora Tamar Chansky escreve: "Uma criança que passou por um evento traumático tem duas vezes mais chances de desenvolver algum tipo de dificuldade — seja ansiedade, depressão ou um distúrbio comportamental". Chansky acrescenta que "muitos estudos sugerem que a maioria das crianças que passam por traumas se recupera sem incidentes".[1]

Em minha prática, já vi isso acontecer das duas maneiras. Já vi crianças passarem pelo que hoje é chamado de "pequeno trauma", como um leve bullying ou uma mudança de família, e saírem fortalecidas disso. Já vi meninas na mesma situação que se encolheram e perderam a voz. Já vi crianças que passaram pelo que geralmente é chamado de "grande trauma", como a perda de um irmão ou dos pais, e sofreram uma ansiedade debilitante durante anos que criou uma escuridão tão penetrante que elas não conseguiam enxergar a própria saída. E vi crianças que passaram por uma tragédia semelhante e sofreram profundamente, mas continuaram a seguir em frente, criando mais resiliência em vez de mais trauma. O que concluí é que grande parte da reação de uma criança ao trauma tem a ver com a nossa forma de reagir.

Nosso cérebro tem dificuldade de processar eventos traumáticos. Eles ficam sobrecarregados com o choque e a dor e, por isso, as memórias se tornam caóticas e fragmentadas. Como resultado, as memórias não são armazenadas como outras memórias, e nós revivemos essas memórias em sonhos e flashbacks, muitas vezes acompanhados de sofrimento emocional, mental e físico. Isso é verdade para adultos com cérebro totalmente desenvolvido, então você pode imaginar o impacto que o trauma tem em um cérebro que ainda não está totalmente formado.

É imperativo que ofereçamos às crianças a ajuda de que precisam quando passam por um trauma, seja ele o tipo pequeno ou o grande. Elas precisam que você seja um lugar seguro para que possam conversar e, muitas vezes, precisam de ajuda para encontrar um profissional que possa ajudá-las a entender a experiência de forma terapêutica.

No verão passado, tivemos uma das manhãs mais emocionantes de que me lembro na Hopetown, nossa versão de aconselhamento de um programa de retiro de verão. Os alunos da quinta e sexta séries falaram sobre as diferentes lutas pelas quais haviam passado, compartilhando lágrimas e esperança. Uma garota ficou por perto depois que as outras crianças foram almoçar e queria conversar. Ela tinha vindo para a Daystar quando seu irmão mais velho morreu alguns meses antes em um acidente de carro e, como você pode imaginar, ela ainda estava sofrendo muito. Conversamos por um tempo e ela chorou um pouco, mais do que jamais havia chorado comigo. Depois de uns vinte minutos, sua amiga mais próxima de Hopetown se aproximou e perguntou se podia conversar conosco. Virei-me para a outra menina, que, em meio às lágrimas, sorriu e disse: "Com certeza". Então, essa segunda garota se sentou e disse: "Eu queria contar a vocês sobre meu pai. Nunca contei a ninguém, mas ele está na prisão". A garota que perdeu o irmão levantou-se, abraçou-a e disse: "Não consigo nem imaginar como isso tem sido difícil para você". Fiquei impressionada. Essas meninas estavam na sexta série. Quantos adultos conhecemos que teriam se irritado com o fato de a segunda menina ter interrompido a conversa, que teriam tido dificuldade de desviar a atenção delas ou que não teriam ideia do que dizer? Parecia que Gênesis 50:20 tinha saído bem na minha frente: o que o inimigo pretendia para o mal, Deus pretendia para o bem. Deus estava usando a dor da experiência da primeira garota para demonstrar profunda compaixão e empatia por sua amiga. Ela estava superando seu *grande* trauma, boa parte com a ajuda de seus pais e do aconselhamento.

Sua filha passará por problemas, dores e possivelmente até traumas neste lado do céu. Mas você é fundamental na forma como esses problemas se traduzem. Combinando você, Deus e a ajuda certa, é possível transformar esse problema em algo bom, eventualmente. Sempre há esperança.

Perfis de um pai ansioso

Depois de ler as últimas páginas, o que você está sentindo? Em que temperatura está o seu termômetro de preocupação agora?

Volte para a última frase da parte anterior: sempre há esperança. Quero que você se apegue a essa afirmação. Não importa o que tenha acontecido na vida dela ou na sua, não importa que parte da ansiedade tenha um componente genético, não importa que erros não intencionais você tenha cometido em sua jornada como pai, sempre há esperança. É uma jornada. E não apenas você e ela ainda estão seguindo, mas Deus ainda está indo adiante de vocês. Dizemos as mesmas quatro palavras em todos os seminários sobre criação de filhos que ministramos: "Nunca é tarde demais".

Então, o negócio é o seguinte. Você já ouviu isso: um dos maiores indicadores de ansiedade nas crianças é a ansiedade dos pais. (Mas não se esqueça de que ainda há esperança... nunca é tarde demais!) Vamos falar sobre como, por que e o que você pode fazer para mudar a maré para sua filha hoje.

A genética

A maneira como realizamos nossas consultas de admissão na Daystar segue sempre o mesmo padrão. Entro no saguão e me apresento à criança e a seus pais. Em seguida, digo à criança: "Deixe-me fazer uma visita guiada e depois conversaremos por alguns minutos. Depois disso, eu a trarei de volta para baixo, trocaremos de lugar e conversarei um pouco com seus pais". Em seguida, faço com ela um tour pelo escritório, com direito a lanches, água e apresentações aos nossos cães de terapia residentes. Depois, nos sentamos em meu escritório para conversar. Sempre nos reunimos primeiro com a criança, pois queremos que ela sinta que a Daystar é o *seu* lugar seguro.

Nessa reunião inicial, muitas crianças me dizem que estão lutando contra a preocupação. Elas me contam por que seus pais queriam que elas viessem e, muitas vezes, como seus pais explicaram o aconselhamento para elas (o que é sempre interessante de ouvir). Já fui chamada de "médica dos sentimentos" mais vezes do que posso contar, embora não exista médica em lugar algum anexada ao meu nome. (Ainda assim, é uma ótima ideia se você levar seu filho para o aconselhamento.) Depois de conversarmos por alguns minutos, levo a criança de volta ao saguão e chamo os pais. "Fale-me sobre sua filha", começa a conversa. E, você adivinhou, de acordo com as estatísticas, a maioria dessas conversas gira em torno da ansiedade da menina.

Você já conversou com alguém que é realmente ansioso? Isso se torna óbvio rapidamente. A ansiedade parece ter uma qualidade generalizada. Começo a me sentir ansioso quando estou com pessoas realmente ansiosas. Já tive inúmeras ocasiões em que me sentei com pais que descreviam suas preocupações com uma filha ansiosa. E, então, quando pergunto: "Por acaso você tem algum histórico de ansiedade na família?", eles dizem: "Não! Nenhum".

Os filhos de pais ansiosos têm até sete vezes mais probabilidade de desenvolver um transtorno de ansiedade do que as crianças que não têm pais ansiosos, de acordo com um estudo realizado por pesquisadores da Universidade Johns Hopkins.[32] Em seu livro *Anxious Kids, Anxious Parents: 7 Ways to Stop the Worry Cycle and Raise Courageous and Independent Children* [Crianças ansiosas, pais ansiosos: 7 maneiras de interromper o ciclo de preocupação e criar filhos corajosos e independentes, em tradução livre], o psicólogo Reid Wilson e a psicoterapeuta Lynn Lyons relatam que "até 65% das crianças que vivem com pais ansiosos atendem aos critérios para um transtorno de ansiedade".[33] Com base nesses e em vários estudos com gêmeos, os pesquisadores conseguiram determinar que a ansiedade é, de fato, hereditária. Mas, de acordo com Chansky, a genética determina apenas 30% a 40% da ansiedade que observamos hoje, sendo o restante relacionado ao ambiente e aos fatores que discutimos na última seção.[34]

A pesquisa aponta que um pai que não está ansioso é extremamente benéfico para uma criança quando o outro pai está ansioso, afirmam Wilson e Lyons. Entretanto, a pesquisa também afirma que a opinião do pai não ansioso é frequentemente descartada como descuidada ou não atenta o suficiente.[35] Ambas as vozes são importantes, e a falta de ansiedade do pai ajuda a equilibrar o efeito da sua ansiedade.

Talvez você não saiba se a ansiedade de sua filha é hereditária. Muitos pais não fazem ideia. Vou falar de mim mesma. Não me sinto ansiosa diariamente. Mas sou um tipo clássico: a personalidade um no Eneagrama. Quanto mais velha eu fico, mais acredito que as pessoas do tipo A lidam com um pouco (ou muito) da ansiedade de base. E nossa produtividade, eficiência e organização são todos sistemas para manter nosso mundo sob controle. É por meio deles que gerenciamos nossa ansiedade ou a mantemos sob controle para que ela não nos domine. É assim que fazemos nosso mundo funcionar. Portanto, se por acaso você se juntar a mim nas bem-ordenadas fileiras de pessoas do tipo A, quero que se inclua (e eu também o farei) nessa categoria.

Recentemente, li um artigo chamado "If you have these 7 habits, you might have High-Functioning Anxiety"[36] [Se você tem esses 7 hábitos, você pode ter Ansiedade de Alto Funcionamento, em tradução livre] (a AAF não impede as atividades do dia a dia). Você está pronto?

1. Você não consegue dormir.
2. Você presta muita atenção aos detalhes.
3. Você não consegue relaxar.
4. Você se envolve em comportamentos "entorpecentes" (que podem incluir exercícios, TV ou muitas outras coisas que todos nós fazemos todos os dias).
5. Você se concentra no controle.
6. Você se esforça até seus limites.
7. Você planeja tudo.

Gostaria de saber se o escritor já conheceu um pai ou uma mãe? Hummm... bem-vindo a cada dia de sua vida como mãe ou pai. Cada uma dessas coisas faz parte do que é criar pequenos seres humanos. Mas quero que você as considere. Pense em seu próprio nível de preocupação. Ou até mesmo de ansiedade. Também quero que passe alguns minutos pensando em seus pais. Seus avós. Eles pareciam temerosos? E quanto ao controle excessivo? Eles pareciam ter uma visão da vida do tipo conspiração ou teoria? Eles o protegiam demais? Você está demonstrando algum desses tipos de comportamento em relação à sua filha atualmente? Se sua filha estiver lutando contra a preocupação, essas são perguntas importantes. Se você ou outro membro da família tiver sofrido de ansiedade, é muito mais provável que ela também sofra com isso do ponto de vista genético. Mas, se você ou outro pai tiver ansiedade, pode estar, sem querer, preparando-a para ter dificuldades também do ponto de vista ambiental.

Modelagem

A genética nos predispõe a determinados comportamentos. Se você tem um membro da família que é alcoólatra, por exemplo, isso não significa que você se tornará um alcoólatra. Significa, sim, que as chances são maiores, se você tiver o conjunto certo de circunstâncias. Com o álcool, entretanto, você pode ficar longe de um bar a vida inteira. Com a ansiedade, a situação é um pouco mais complicada.

Seu cérebro e o cérebro de sua filha têm algo chamado de "neurônios-espelho". Os neurônios são células do cérebro que são ativadas quando realizamos uma ação ou observamos uma ação sendo realizada. Os neurônios-espelho são o que permitiu que sua filha aprendesse a amarrar os sapatos ao vê-lo amarrar os seus. É assim que ela aprende a arremessar uma cesta e a praticar esqui aquático. Foi assim que você aprendeu a cozinhar. É também uma das maneiras pelas quais a ansiedade pode ser contagiosa.

Na verdade, os neurônios-espelho começam seu trabalho nos estágios iniciais. Em seu livro *The Self-Driven Child: the Science and Sense of Giving Your Kids More Control Over Their Lives* [A criança autodirigida: a ciência e o sentido de dar aos seus filhos mais controle sobre suas vidas, em tradução livre], o neuropsicólogo clínico William Stixrud e o treinador motivacional Ned Johnson escrevem: "Quando os pais de recém-nascidos estão estressados, os bebês choram e se agitam mais do que se os pais estiverem calmos e confiantes".[37] E isso continua. Quando você torce as mãos de preocupação com o primeiro dia de aula da sua filha ou quando anda de um lado para o outro antes de seu primeiro recital de piano, os neurônios-espelho dela entram em ação. Eles não apenas disparam como se estivessem realizando essas ações mas também absorvem o estresse que seu cérebro e seu nível de preocupação estão emitindo. Os neurônios-espelho são uma das razões pelas quais, em nosso livro *Are My Kids on Track? The 12 Emotional, Social, and Spiritual Milestones Your Child Needs to Reach* [Meus filhos estão no caminho certo? Os 12 marcos emocionais, sociais e espirituais que seu filho precisa atingir, em tradução livre], meu amigo David diz que as crianças "aprendem mais por meio da observação do que da informação".[38]

As crianças refletem as ações de seus pais. Os neurônios delas espelham os seus neurônios. Mas elas também ouvem as palavras que você usa quando está com medo e observam como você aborda seus próprios desafios. Em um estudo que incluiu mães que lutam com algum grau de ansiedade social, os pesquisadores descobriram que essas mães "fazem mais comentários catastróficos" e "relacionados a ameaças" do que as mães não ansiosas, de acordo com os autores do *Parent-Led CBT For Child Anxiety: Helping Parents Help Their Kids* [TCC orientada pelos pais para ansiedade infantil: ajudando os pais a ajudar seus filhos, em tradução livre]. Em outras palavras, elas têm grandes reações e usam grandes palavras para descrever uma ameaça, superestimando o problema e subestimando a si mesmas.[39] É claro que as crianças que querem ser como seus pais não só usarão a mesma linguagem, mas também assumirão a mesma perspectiva que eles estão modelando para elas.

Estilos parentais

A genética nos predispõe a determinados comportamentos. Esse comportamento, na frente das crianças que amamos, é chamado de modelagem. Quando repetido ao longo do tempo, esse comportamento se torna um estilo parental. Em outras palavras, quando você tem ansiedade, age e vive de forma ansiosa, às vezes até sem querer. Você modela o comportamento ansioso e acaba desenvolvendo o que poderia ser chamado de estilo parental ansioso.

Andrea Peterson, redatora *do Wall Street Journal*, diz que a pesquisa mostra que dois dos principais tipos de estilos parentais associados à ansiedade nas crianças são a superproteção e o supercontrole.[40] Ambos têm duas motivações potencialmente diferentes, mas seus efeitos sobre as meninas que amamos é praticamente o mesmo.

A superproteção significa que muitas vezes os pais experimentaram ansiedade, provavelmente em sua própria infância. "Não quero que ela se sinta como eu me senti" é a frase que esse pai me diria em meu consultório. Eles não querem que seus filhos sintam um medo paralisante. Em vez disso, querem que ela se sinta confiante e forte. Por isso, tentam mantê-la longe de situações que geram esses sentimentos de medo ou inadequação. Em outras palavras, eles resgatam, consertam e ajudam a evitar as situações que desencadeiam o medo.

Mas o problema é o seguinte: quando você a resgata, está comunicando a ela que precisa ser resgatada. Você está dizendo a ela que a situação é assustadora e que ela não é capaz de lidar. (Lembra-se de superestimar o problema e subestimar a si mesma? Acabamos de reforçar acidentalmente essas mesmas mensagens.) Em essência, você está inadvertidamente incentivando a dependência dela em relação a você, em vez de sua independência. E, como dissemos antes, todas as crianças desejam ser independentes. Só porque você processou sua ansiedade de uma determinada maneira não significa que ela processará da mesma forma. Ela quer independência. E, de fato, precisa disso.

Uma amiga minha, Paris Goodyear-Brown, é uma respeitada terapeuta de ansiedade e autora do livro *The Worry Wars: an Anxiety Workbook for Kids and Their Helpful Adults!* [As guerras da preocupação: um livro de exercícios sobre ansiedade para crianças e seus adultos prestativos!, em tradução livre]. Ela veio e falou à nossa equipe sobre crianças e preocupações. O ponto principal de toda a sua palestra foi que "para as crianças superarem a ansiedade, elas precisam fazer a coisa assustadora de qualquer maneira". (Seu termômetro de preocupação disparou agora mesmo?) Falaremos muito mais sobre isso na próxima seção do livro e daremos ideias práticas de como apoiar sua filha a fazer a coisa assustadora. Mas vou dizer que, quando você a protege demais, seu medo geralmente tem mais a ver com você do que com ela. Semanalmente, vejo pais ansiosos cujos filhos "não estão prontos" para fazer uma determinada tarefa. Na verdade, são os pais que não estão prontos... por causa de seu próprio medo de que a criança se machuque. Mas é nesse mundo que elas têm problemas, e é nesses problemas que elas encontram oportunidades de crescimento.

Além disso, a superproteção não funciona. Isso não elimina o medo das crianças. Um estudo citado em *Parent-Led CBT For Child Anxiety: Helping Parents Help Their Kids* descobriu que as crianças cujos pais se envolviam mais com a apresentação designada para a criança acabavam ficando ainda mais ansiosas quando chegava a hora de fazê-la.[41] Elas ainda têm de fazer a coisa assustadora. As crianças que são resgatadas acabam precisando disso mais vezes, além de terem o benefício colateral de receber atenção de você durante o resgate. Uma adolescente me disse recentemente que se sentia mais próxima de sua mãe quando tinha ataques de pânico do que em qualquer outro momento, então "talvez eu me deixe ficar muito ansiosa porque é o momento em que ela é mais carinhosa comigo".

Agora, vamos falar sobre os supercontroladores. Os supercontroladores também acabam superprotegendo, mas geralmente intervêm porque acreditam que seus filhos não são capazes. Eles não querem que eles sintam medo. Mas também não querem que eles fracassem. Talvez a filha tenha problemas de TDAH combinados com a ansiedade ou talvez ela tenha dificuldades sociais ou se comporte mal na escola. Sinceramente, às vezes também acontece de esses pais não conseguirem se conter. Eles não querem necessariamente ser controladores, mas acham que as coisas provavelmente não darão certo se não forem.

Isso também não funciona, não é mesmo? Se resolvermos os problemas de nossos filhos para eles, eles não desenvolverão a capacidade de resolvê-los, o que acredito ser um dos principais impedimentos para a ansiedade. Um estudo de 2006 da Universidade da Califórnia, em Los Angeles, descobriu que os pais que intervêm em tarefas que seus filhos estão realizando ou que poderiam realizar sozinhos não só limitam a capacidade do filho de realizar a tarefa com sucesso mas também causam maior ansiedade de separação nessa criança em particular.[42] Outro estudo descobriu que os pais que foram informados de que seus filhos poderiam ter dificuldades em uma tarefa de quebra-cabeça intervieram mais do que os pais que foram informados de que seus filhos achariam divertido.[43]

Nós nos preocupamos. Achamos que as crianças podem ter dificuldades ou que não são capazes, e intervimos. Quando isso acontece, elas saem, ou se afastam, ou se apoiam em nós. É uma profecia que se cumpre a si mesma. Acabamos resolvendo o problema porque não acreditamos que elas sejam capazes. Elas nunca aprendem a resolver o problema e, portanto, são incapazes. E então nos tornamos mais controladores e, às vezes, mais críticos durante o processo. Outro estudo descobriu que os pais com ansiedade social não apenas expressavam mais dúvidas sobre a capacidade dos filhos mas também eram mais críticos e menos calorosos e afetuosos com eles.[44]

Em *How to Raise an Adult: Break Free of the Overparenting Trap and Prepare Your Kid for Success* [Como criar um adulto: liberte-se da armadilha da superproteção e prepare seu filho para o sucesso, em tradução livre], a autora Julie Lythcott-Haims cita uma palestra da dra. Madeline Levine, que disse que há três maneiras de sermos pais em excesso (superproteção e controle excessivo) e "causarmos danos psicológicos involuntariamente: 1. quando fazemos para nossos filhos o que eles *já* podem fazer por si mesmos; 2. quando fazemos para nossos filhos o que eles *quase* podem fazer por si mesmos; e 3. quando nosso comportamento como pais é motivado por nosso próprio ego".[45]

No entanto, ainda não é tarde demais, e é disso que trata o restante do livro. Podemos mudar o curso das coisas para sua filha agora. Entretanto, para que ela aprenda a resolver problemas, você terá de parar de resolver os problemas dela. Ela terá de aprender a fazer a coisa assustadora. Terá de ser um trabalho em equipe. E você, como pai, terá de ser o primeiro.

Um novo tipo de tratamento surgiu em Yale, chamado SPACE. A sigla significa Supportive Parenting for Anxious Childhood Emotions [Pais Solidários para Emoções Ansiosas da Infância, em tradução livre]. Nele, os únicos que recebem a terapia são os próprios pais. Os pais aprendem a reconhecer as maneiras pelas quais acomodam a ansiedade de seus filhos. Eles são ensinados a expressar confiança em seus filhos, a enfrentar seus medos e a lidar com sentimentos desconfortáveis. E, então, os pais aprendem a ajudar gradualmente seus filhos a fazer a coisa assustadora.[46]

As crianças que sofrem de ansiedade sentem que são "menos que" as outras crianças. Elas se sentem menos capazes, menos duráveis, menos esperançosas, menos capazes, menos confiantes. Têm menos confiança nos outros e em sua própria intuição. Sentem que têm menos controle sobre o ambiente e sobre suas próprias emoções. Sentem-se inferiores. E, com essa inferioridade, a preocupação se torna tão natural para elas quanto respirar.

As crianças que se preocupam buscam conforto e certeza. Elas não sentem muito de nenhum dos dois, em sua inferioridade. Por isso, olham para você. Você é o lugar seguro delas. Elas se escondem atrás de você se tiverem a chance. Deixam que você responda às perguntas "e se", resolva os problemas e lute contra os monstros por elas. Mas esse Monstro da Preocupação é um monstro contra o qual ela terá de lutar sozinha. E talvez você tenha que lutar contra o seu próprio ao lado dela. Às vezes, isso é aterrorizante. Você ama loucamente essa garotinha e, é claro, quer protegê-la. Você quer cuidar dela. E, às vezes, tudo dentro de você vai querer resgatá-la.

A esta altura, você provavelmente está pronto para que eu jogue meus estudos pela janela. Mas outro estudo citado em *The Self-Driven Child: the Science and Sense of Giving Your Kids More Control Over Their Lives* relata que "além de demonstrar amor e afeto a seu filho, administrar seu próprio estresse é a melhor coisa que você pode fazer para ser um pai eficaz".[47] Eu acrescentaria, não apenas um pai eficaz, mas um pai capacitado. Ao administrar seu próprio estresse, você dá a ela o exemplo de que pode fazer o mesmo. Você a ensina que ela é capaz, que é mais corajosa, mais forte e mais inteligente do que imagina. Quando você dá a ela oportunidades de resolver seus próprios problemas, de desenvolver recursos, de fazer o que é assustador, você a ensina que ela é muito mais. Isso se torna seu estilo de criação. E isso reflete não apenas o que você acredita a seu respeito, mas também o que Deus acredita. Ele a tem. Sempre há esperança. E a ajuda está a caminho.

Pontos-chave a serem lembrados

Sua filha se preocupa porque se importa. As coisas são importantes para ela, o que pode tornar a vida difícil. É difícil para ela saber como desligar essa preocupação.

A ansiedade é o principal problema de saúde mental enfrentado pelas crianças atualmente.

As meninas são mais propensas a ter ansiedade, mas são menos levadas para tratamento porque sua ansiedade não é percebida ou é mal interpretada.

As meninas sentem uma pressão desmedida da sociedade, da cultura ao seu redor, da mídia social, das expectativas que têm sobre si mesmas e, às vezes, das nossas expectativas sobre elas. Essa pressão geralmente se traduz em ansiedade.

Reduzimos a infância das meninas em um ano e meio.

A tecnologia e as mídias sociais aumentam a pressão que as meninas enfrentam hoje e, de acordo com uma ampla variedade de pesquisas, contribuem significativamente para a ansiedade delas. Elas precisam de nós para ajudá-las a aprender gradualmente o uso responsável da tecnologia.

Queremos dar às meninas habilidades de enfrentamento para lidar com a pressão e ajudá-las a valorizar mais o esforço do que o resultado.

Como as meninas querem agradar e ainda não entendem seus próprios sentimentos de ansiedade, suas preocupações podem ser mal interpretadas. Seu exterior muitas vezes não corresponde ao seu interior.

As meninas tendem a explodir e descontar suas preocupações nos outros ou implodir e descontar essas preocupações em si mesmas.

De 15% a 20% das crianças nascem com temperamentos que as predispõem à preocupação. As crianças superdotadas estão entre as predispostas à preocupação, assim como as crianças que têm uma tendência inerente à negatividade.

Queremos ajudar as meninas a superar mágoas e traumas de forma saudável, sendo portos seguros para elas e oferecendo-lhes a ajuda necessária para evitar que o trauma se transforme em ansiedade.

A probabilidade de uma criança desenvolver um transtorno de ansiedade é sete vezes maior quando ela tem um pai que sofre de ansiedade.

A genética determina apenas 30% a 40% da ansiedade das crianças — o restante é determinado pelo temperamento, experiências de vida, modelagem dos pais e estilos parentais.

Entendendo melhor você e sua filha

- O que você acha que contribuiu para as preocupações de sua filha?
- Por que você acha que a ansiedade é uma epidemia entre as crianças de hoje? Por que acha que as meninas podem sentir mais ansiedade, mas a ansiedade delas é menos reconhecida?
- A que tipo de pressão sua filha está sujeita?
- Que tipos de expectativas você coloca nela, sem querer? Que tipos de expectativas ela deposita em si mesma?
- Como a tecnologia e as mídias sociais afetam sua filha?
- O que você poderia estar fazendo agora para ajudá-la a aprender a usar a tecnologia de forma responsável?
- Como é a sua filha quando está preocupada? Ela é mais do tipo que explode ou implode? E quanto a você?
- Como você viu o temperamento de sua filha contribuir para as preocupações dela?

- Há experiências de vida que você acredita terem contribuído para a preocupação de sua filha? Na vida dela ou na de sua família? Como ela processou essas experiências?
- Qual é o histórico de sua família em termos de ansiedade? E quanto à sua própria jornada?
- Como você modela suas próprias estratégias para lidar com as preocupações? Como você fala sobre suas preocupações?
- Como você descreveria seu estilo de criação? Você acha que há maneiras pelas quais seu estilo de criação pode estar contribuindo para as preocupações dela sem que você perceba?
- O que você está fazendo por ela hoje que ela poderia estar fazendo por si mesma?

CAPÍTULO 3
COMO ISSO PODE AJUDAR?

Eu realmente gostaria que estivéssemos sentados juntos em meu escritório de aconselhamento, neste momento. Gostaria de poder me inclinar em sua direção e sorrir. Gostaria que pudéssemos rir um pouco de como a pressão em cima dos pais pode rivalizar com o que seus filhos sentem. Pelo menos eles têm recreio ou educação física.

Até agora, passamos por algumas coisas pesadas. E o pior já passou — quase. Mais de duas décadas e meia de aconselhamento de meninas me deram provas visíveis de que a ansiedade está em níveis epidêmicos. Mas, nos últimos três anos em especial, observei outra coisa: a ansiedade se tornou uma tendência.

O problema da perspectiva

Ao longo dos anos, conheci muitas meninas que usavam tornozeleiras ortopédicas. Tenho certeza de que cada uma delas não era realmente necessária para evitar uma lesão física. É como crianças pequenas e band-aids. Elas querem que as pessoas saibam que elas tiveram um machucado e que doeu um pouco, então elas usam um band-aid. Ou vários. À medida que ficam mais velhas, elas podem cair da bicicleta e "precisar" de uma bandagem elástica em volta do cotovelo. Depois, entram no ensino médio, começam a praticar esportes competitivos e você passa muito tempo no Walgreens, aprendendo rapidamente que nem toda lesão exige uma ida ao médico. Os suspensórios certamente ajudam muito, principalmente para caminhar na escola. As botas ortopédicas ajudam ainda mais. E agora eles têm até aquela fita legal para lesões esportivas na CVS. (Olá, profissionais de marketing que devem conhecer algumas dessas crianças e brilhantemente criaram a fita em cores neon!) Se estou descrevendo sua filha, você sabe exatamente do que estou falando.

O uso de bandagens, suspensórios e botas ortopédicas é frequentemente genuíno, mas, como eu disse, eles também podem ser sinais externos de dor interna. Eles podem indicar que ela se sente insegura ou instável, como se não estivesse muito confiante em seu lugar no mundo. Ou talvez ela esteja preocupada ou ansiosa, mas não tem palavras para dizer isso. Seja o que for que esteja acontecendo em seu interior, as meninas que usam esses aparelhos estão tentando expressar que precisam de mais. Eu não chamaria isso necessariamente de busca por atenção, embora possa ser. Elas querem ser vistas, conhecidas e amadas. E pelo que observei nessas meninas, é um pouco mais fácil ser vista quando se tem um pedaço de fita neon enrolado no ombro.

Essas meninas também podem estar tendo dificuldades com sua perspectiva. Em nosso livro *Are My Kids on Track? The 12 Emotional, Social, and Spiritual Milestones Your Child Needs to Reach*, sugerimos uma escala de 1 a 10 para avaliar a perspectiva de cada um. Eu a chamo, em tom de brincadeira, de "dramômetro", porque trabalho com muitas meninas. Como adultos, sabemos que a vida cotidiana geralmente está na faixa de 2 a 7. Os extremos são raros. Mas há meninas (e meninos) para as quais tudo o que acontece é um 10, ou até mais de 10! Sua professora é a "mais malvada do mundo"; foi o "pior dia de todos"; ou ela anuncia: "Fiquei tão assustada que quase perdi a cabeça!". Essas meninas têm dificuldades com o marco de desenvolvimento da perspectiva.

Resumidamente, veja como o medidor de drama pode ajudar sua filha. Quando ela estiver em um momento mais calmo, fale sobre a escala (ela não precisa saber que a chamamos de dramômetro; podemos manter isso entre nós). Ajude-a a imaginar o que realmente é um 10 na escala de perspectiva, e também um 7, e talvez um 3. Então, quando ela entrar no carro e disser algo extremo como "meus amigos me odeiam e nunca mais querem falar comigo!", responda primeiro com empatia. Ouça e depois consulte a escala, dizendo: "Esse parece ter sido um dia muito difícil. Que número você acha que foi na sua balança?".

A luta pela perspectiva é mais complicada hoje do que costumava ser. Quando eu estava crescendo, a pior coisa que você poderia dizer aos seus pais em um nível 10 era: "Quero fugir de casa!". Há anos não ouço uma criança falar em fugir de casa. Agora elas dizem: "Eu quero me matar". E as crianças não estão apenas dizendo isso — elas estão tentando fazer isso. Nos últimos dez anos, o índice de internações hospitalares de crianças e adolescentes suicidas quase triplicou, de acordo com a médica e repórter Perri Klass. "E a taxa de aumento foi maior entre as meninas adolescentes", diz ela.[1]

Quase diariamente, vejo meninas que se diagnosticaram com depressão e/ou ansiedade com problemas relacionados a ataques de pânico, transtorno de estresse pós-traumático (TEPT) e transtorno obsessivo-compulsivo (TOC). Somente no ano passado, notei que, quando simplesmente pergunto às novas clientes: "Então, o que a trouxe à Daystar?", elas geralmente listam os critérios para transtorno depressivo maior ou transtorno de ansiedade generalizada, como se os tivessem memorizado da internet.

Um bom número dessas meninas está realmente passando por dificuldades. Como já disse, nunca vi tantas crianças sofrendo de ansiedade debilitante ou depressão. Também nunca tive de hospitalizar tantas meninas por medo de que elas tentassem tirar a própria vida. E também haverá crianças que precisam de um sinal externo de mágoa interna ou que querem grandes palavras para descrever os grandes sentimentos que têm dentro de si.

Uma garota que eu estava aconselhando, estudante do ensino médio, começou a me descrever os sintomas da depressão. Logo ela estava usando as próprias palavras e me perguntou se eu achava que ela estava deprimida. Eu não queria entrar no trem do diagnóstico com ela se ela não estivesse clinicamente deprimida, então me esquivei da pergunta por um tempo e continuei ouvindo. Em seguida, ela começou a dizer coisas como: "Minha amiga Allison está tomando remédios, e parece que isso está ajudando muito".

Essa era a minha preocupação. Acredito que ela tinha um pouco do que considero depressão de baixo grau. Mas também não acredito em diagnosticar crianças, a menos que elas realmente precisem de um diagnóstico. As crianças, e especialmente os adolescentes, estão procurando maneiras de se definir. E não quero que a ansiedade, a depressão, os distúrbios alimentares ou outro tipo de transtorno se tornem a identidade delas. Mas, como sempre acontece, o contexto ajuda a dar mais sentido à história dessa menina. Vamos chamá-la de Gracie.

Gracie é uma ótima amiga. Ela ouve bem e, honestamente, é uma das calouras do ensino médio mais encorajadoras que conheço. Ela quer que todos que conhece se sintam amados. Ela acompanhou vários amigos em suas próprias crises — momentos de depressão e até tentativas de suicídio. No último outono, ela mesma começou a ter dificuldades. Sinceramente, acho que foi só por ter carregado tanto peso por tanto tempo, Deus a abençoe. Então, ela começou a passar por momentos difíceis e acho que nenhum de seus amigos a estava ouvindo, pelo menos não com a compaixão e a consistência com que ela os ouvia. Assim, Gracie precisou de palavras fortes e de algo potencialmente muito errado para que seus amigos e outras pessoas voltassem a atenção para ela (o que ilustra muito bem por que estou preocupada com a falta de perspectiva das meninas de hoje).

A mãe de Gracie foi brilhante. Eu a levei ao meu escritório porque queria que ela ouvisse da própria Gracie como as coisas estavam difíceis. Sua mãe se virou para ela no sofá, colocou a mão em seu ombro e a ouviu com tanta bondade e compaixão. Com a mãe, Gracie usou a palavra *depressão* e até sugeriu que achava que precisava de medicação. A sábia mãe de Gracie respondeu assim: "Gracie, fico muito triste que as coisas tenham sido tão difíceis ultimamente. Detesto isso. Estou com você nessa situação. Ouvi que você se sente sozinha e que as coisas não parecem estar melhorando. Sei que seus amigos não a têm apoiado da maneira que você esperava. Mas você não está sozinha. Eu estou aqui. E entendo que você esteja sentindo uma tristeza profunda neste momento. É uma *tristeza profunda*. Estou vendo isso. Quero ouvir e quero que você sinta que pode falar comigo sobre isso a qualquer momento. Mas também não quero que sua tristeza profunda faça com que você se sinta deprimida. Eu vi você rir com Alexis ontem. Você precisava muito rir. E sei que você se divertiu muito em nossa viagem às montanhas neste verão. Quando você está clinicamente deprimida, não tem esses momentos em que as coisas parecem melhores. A tristeza profunda não vem e vai dessa forma. Quero ouvir sua tristeza. Quero que você saiba que acredito que ela é real. E difícil. Mas também não quero que você decida que algo é mais difícil do que precisa ser. E nunca quero que você perca a esperança".

Gostaria de ter um vídeo da mãe de Gracie dizendo essas palavras, pois eu o reproduziria diariamente para as meninas em meu consultório. Ela fez muito de seu próprio trabalho de aconselhamento, e elas precisam absorver sua mensagem principal: *Sua dor é importante, mas você não precisa torná-la maior do que é só para que eu a ouça ou a torne válida.*

As meninas já me disseram que ninguém vai ouvi-las de verdade a menos que tenham ansiedade ou depressão ou que estejam se cortando.

Vamos ouvi-las e validar seus sentimentos. E vamos ajudá-las a encontrar palavras apropriadas para descrever suas grandes emoções. Vamos usar a escala dramática para mostrar a elas que seus sentimentos são importantes, mas também para lhes dar o contexto da perspectiva. E já que estamos fazendo isso, vamos usar palavras apropriadas para descrever nossos próprios sentimentos. Com que frequência usamos palavras extremas quando estamos descrevendo a nós mesmos ou aos outros? ("Tive um ataque de pânico quando não consegui encontrar meu celular!")

A falta de perspectiva ou de conhecimento é outro perigo no fenômeno das grandes palavras para descrever grandes sentimentos. Acreditamos em nossa filha quando ela diz que sofreu bullying (uma "grande" palavra) na escola, quando na verdade um amigo próximo simplesmente escolheu outra pessoa para brincar naquele dia específico. Em outro caso, uma mãe me disse recentemente que sua filha teve o pior ano de sua vida. Ela continuou descrevendo o que eu consideraria um drama bem normal do ensino médio e depois disse: "E hoje foi o pior de todos. Ela até pisou em cocô de cachorro!".

Todos concordamos que cocô de cachorro fede. Mas há coisas que "fedem" muito mais e têm o poder de realmente estragar um dia. O cocô de cachorro não é nem mesmo um 3 na escala dramática do medidor. Eu o colocaria em menos de 1, talvez 0,4.

Não pule para o lado 10 da escala com sua filha. Esteja ciente de que sempre há mais em uma história. Há um outro lado. E ela pode estar usando palavras fortes apenas para chamar a sua atenção.

Como as meninas com ansiedade superestimam as ameaças ou os problemas e subestimam a si mesmas, você pode ver como a falta de perspectiva pode piorar os dois lados dessa equação. Queremos continuar a capacitá-la. Queremos ajudá-la a ver as situações difíceis como oportunidades de aprendizado. Queremos validar seus sentimentos e, ao mesmo tempo, ajudá-la a sentir que é mais corajosa, mais forte e mais inteligente do que qualquer coisa que a vida possa lhe oferecer.

O que não funciona

Aqui está o que descobrimos até agora: sua filha está crescendo em uma era de ansiedade. Esse termo está no vocabulário das meninas hoje em dia, infiltrou-se em sua cultura, faz parte da pressão que elas sentem para ter um bom desempenho na escola. E nos esportes. E nas artes. Faz parte da agitação da vida delas, entre treinos, aulas e vida social... sem falar na mídia social. Pode até estar em seus genes. As meninas querem se sair bem, ser apreciadas, corresponder às expectativas delas e às suas e, ao mesmo tempo, ficar bonitas. E elas não querem fracassar nem ferir os sentimentos de ninguém. É muita coisa. Por isso elas se preocupam ainda mais.

O problema, como você provavelmente sabe, é que os esforços para controlar a preocupação não funcionam. Você já tentou simplesmente parar de se preocupar? É o mesmo que tentar não pensar em algo.

Anos atrás, eu estava conversando com uma amiga que é cantora profissional e ela me contou que seu médico disse que uma das piores coisas que ela poderia fazer para sua voz era pigarrear. Sabe o que senti imediatamente que tinha de fazer? Pigarrear. (Sua garganta também está coçando agora?)

Esse é um fenômeno científico real. Fiódor Dostoiévski, de quem você deve se lembrar pelo clássico literário *Os irmãos Karamazov*, falou sobre isso pela primeira vez em seu ensaio *Notas de inverno sobre impressões de verão*:

Tente fazer esta tarefa para si mesmo: não pensar em um urso polar, e você verá que a maldita coisa virá à sua mente a cada minuto.[2]

Parece um pouco com os pensamentos intrusivos sobre os quais falamos no início deste livro, não é mesmo? Em 1987, um psicólogo social e professor em Harvard, Daniel Wegner, comprovou essa teoria. Ele descobriu que, quanto mais tentamos suprimir um pensamento, mais ele ganha vida.[3]

Talvez você mesmo tenha tentado desativar pensamentos perturbadores no passado. Imagino que não tenha funcionado, certo? Mas, por algum motivo, você ainda diz à sua filha para parar de pensar em vomitar. Ou parar de se preocupar com uma prova. Ou parar de pensar que algo ruim vai acontecer com você na viagem. Isso não ajuda. Ela pode parar de falar sobre isso por querer agradá-lo, mas não para de pensar nisso. E isso, honestamente, torna as coisas ainda piores, porque não sabemos o que está acontecendo na mente e no coração dela. Queremos equipá-la com maneiras de administrar sua preocupação, em vez de simplesmente se esconder dela.

Muitos pais de meninas que lutam contra a preocupação vêm frustrados ao meu consultório.

- "Não podemos argumentar com ela."
- "Dissemos a ela que tudo ficará bem, mas ela não acredita em nós."
- "Quando ela fica muito chateada, não há como convencê-la a não ficar assim."
- "Quando ela começa a se preocupar, é como se perdesse o controle. Seus pensamentos ficam cada vez menos racionais, e suas emoções

ficam cada vez mais fora de controle. Então, entramos em um colapso total, e todos começam a gritar."

A lógica não funciona. Tentar argumentar com ela não funciona. Nem mesmo a punição funciona. Quanto mais ela tenta não se preocupar, mais ela se preocupa. Ela fica frustrada, e você fica frustrado junto. Ou até mesmo com ela. E isso também não funciona.

Todos os dias converso com pais que se sentem reféns da ansiedade da filha. Eles passam muito tempo e fazem de tudo para evitar as coisas que a deixam preocupada. Respondem às perguntas "e se" até enjoar. Eles tranquilizam, persuadem, acomodam. De fato, a fuga e a evitação são duas das maneiras mais comuns pelas quais as crianças e os adultos que as amam tentam controlar a ansiedade, de acordo com os autores do *The Anxiety and Worry Workbook: the Cognitive Behavioral Solution* [O manual de ansiedade e preocupação: a solução cognitivo-comportamental, em tradução livre].[4] Ambas só tornam o Monstro da Preocupação mais forte. Nenhuma delas funciona, pelo menos não por muito tempo.

A ansiedade continua a controlar sua filha, em vez de ela aprender a controlá-la. Você está exausto e frustrado, assim como o resto de sua família. Como uma mãe me disse, "a ansiedade não é um problema apenas da minha filha. Neste momento, é um problema para toda a nossa família".

Portanto, já estabelecemos as más notícias. Falamos sobre o que não funciona. Agora vamos às boas notícias — o que preenche o restante do livro: o que *funciona* e como você pode ajudar sua filha a ser a chefe desse Monstro da Preocupação.

Terapia: uma cura para a ansiedade?

Quando se trata de terapia, você já deve ter ouvido falar de TCC, DBT, EFT ou EMDR. Todos esses são acrônimos que descrevem algumas das abordagens ou tipos de terapia mais predominantes atualmente. Como acontece com tantas outras coisas, os tipos de aconselhamento têm popularidade crescente e decrescente. Mas todas essas abordagens, assim como muitas outras, têm situações e contextos em que são particularmente úteis e terapêuticas.

Bridget Flynn Walker, psicóloga clínica e autora, afirma que a TCC (terapia cognitivo-comportamental) é a terapia mais pesquisada e tem os resultados mais baseados em evidências.[5] O nome da TCC reflete a premissa: a maneira como pensamos influencia como nos sentimos e, portanto, como nos comportamos. Portanto, se mudarmos a maneira como pensamos, isso mudará não apenas a maneira como nos sentimos mas também a maneira como agimos.

A TCC pode ser útil para pessoas de todas as idades, inclusive crianças pequenas. Comecei a trabalhar com Abbye quando ela tinha nove anos de idade. Logo de cara, percebi que ela era extremamente inteligente. Por meio de seus pais, fiquei sabendo que havia um histórico de ansiedade na família, inclusive na mãe de Abbye, que havia lutado contra isso, até certo ponto, durante a maior parte de sua vida. Abbye apresentava pensamentos preocupantes e comportamento ansioso anos antes de eu conhecê-la, mas seus pais não tinham ligado os pontos até que a trouxeram para me ver. Abbye tentou combater suas preocupações esforçando-se em tudo o que fazia e tentando agradar seus pais. No entanto, quando ela me procurou, sua ansiedade já havia se enraizado silenciosamente em seus pensamentos, sentimentos e comportamento.

Como uma breve observação, os especialistas não concordam com a idade típica de início da ansiedade. Durante anos, li e experimentei em minha prática que a ansiedade poderia começar por volta dos oito anos de idade. Algumas pesquisas dizem que a idade é onze anos e, sem dúvida, observo um aumento da ansiedade e de seus sintomas em meninas nessa idade, o que, na minha opinião, tem muito a ver com a entrada na puberdade. Mas os dados mais recentes que encontrei relatam que a idade média de início é seis anos.[6]

Inicialmente, Abbye veio ao meu consultório por causa da ansiedade de separação. Ela e eu nos encontramos por vários meses, durante os quais trabalhamos para entender suas preocupações e aprender ferramentas de TCC para combater o Monstro da Preocupação. Ela trabalhou com técnicas de respiração, relaxamento e aterramento, que explicarei na próxima seção. Ela aprendeu como as preocupações a enganam e o que ela pode fazer para afastá-las. Quando terminou o aconselhamento, ela estava se sentindo mais forte e no controle de suas preocupações, em vez de as preocupações a controlarem. Não vi Abbye por dois anos.

Então, os pais de Abbye a trouxeram de volta para me ver. Seus medos haviam mudado. A família tinha uma viagem marcada em breve e, de repente, ela passou a ter medo de voar. Não posso dizer que fiquei surpresa. A ansiedade às vezes é um pouco como uma moeda ruim — ela pode continuar voltando para você. Como discutimos no capítulo 1, a ansiedade está intimamente ligada ao desenvolvimento da criança. O que desencadeia as preocupações de sua filha, ou as coisas que se concentram em seus pensamentos em looping, evoluirá à medida que ela crescer. Nossa meta é que ela aprenda a controlar a ansiedade, em vez de encontrar uma cura mágica. Em nosso primeiro encontro, costumo dizer aos pais de meninas ansiosas a mesma coisa que disse aos pais de Abbye: "Sua filha pode lidar com algum grau de ansiedade por toda a vida. Ela é inteligente. É consciente. E se importa. Ela não vai mudar o fato de que as coisas são muito importantes para ela. Portanto, isso voltará a girar em torno de temas diferentes, potencialmente para sempre. Mas ela pode aprender as ferramentas para combatê-la. E essa luta se tornará mais fácil a cada vez que ela voltar".

O fato de a ansiedade de Abbye ter voltado não significa que o aconselhamento não tenha "funcionado" da primeira vez. Com as ferramentas que aprendeu naquela ocasião, ela sabia como lidar melhor com a ansiedade quando ela voltou. Ela conhecia os truques do Monstro da Preocupação, reconheceu-os e começou a trabalhar para combatê-los com minha ajuda e a de seus pais. Na verdade, foi ela quem pediu para me ver novamente, perguntando: "Mãe, acho que minhas preocupações estão piorando de novo. Podemos ir ver a Sissy?".

Dessa vez, concentramos as ferramentas de Abbye no medo de voar. Sugeri que ela se imaginasse na manhã do voo, na decolagem e na aterrissagem, enquanto praticava técnicas de relaxamento. Conversamos sobre seus piores medos e, em seguida, aprendemos estatísticas sobre a segurança dos aviões. Pensamos em coisas que ela poderia fazer para se concentrar novamente se ficasse ansiosa, como problemas de matemática (contar de cem a sete, por exemplo) ou exercícios de cores (encontrar tudo o que estivesse em sua vista que fosse de uma determinada cor). Ela mudou seu pensamento, o que influenciou seus sentimentos e, portanto, mudou seu comportamento.

Não vejo a Abbye há quase um ano. Desde então, ela tem viajado com sucesso junto de seus pais. No entanto, acho que a verei novamente. Sua preocupação estará de volta, embora eu ache que ela voltará em um grau ainda menor da próxima vez. E ela saberá como lidar com isso mais rapidamente. Ou talvez ela se lembre das ferramentas sem mim. As ferramentas que ela aprendeu, sobre as quais falaremos neste livro, têm sua origem na terapia cognitivo-comportamental e podem ser direcionadas a qualquer tipo de ansiedade... quantas vezes for preciso.

*

Quando eu estava fazendo a pesquisa para este livro, li 23 livros sobre o assunto. Cada um deles falava sobre como todos nós vivemos com algum grau de ansiedade. Todos nós temos um Monstro da Preocupação, seja ele grande ou pequeno. O cérebro de sua filha é mais maleável durante a infância. Ela tem maiores chances agora de aprender e lembrar-se de ferramentas para combater seu Monstro da Preocupação. O quanto você gostaria de ter aprendido esse tipo de ferramenta quando tinha oito, dez ou onze anos de idade? Sua preocupação ainda estaria presente às vezes, mas você teria mais prática e mais tempo para desenvolver confiança em sua própria força.

Deixe-me dizer uma última vez antes de prosseguirmos: não acredito que nenhum de nós esteja "curado" da ansiedade, por causa da maneira como ela está ligada ao nosso temperamento e ao nosso dom. Abbye provavelmente sempre se preocupará ao menos um pouco, porque ela é inteligente e consciente, assim como tenho certeza de que sua filha é. Trata-se do outro lado da moeda de seu talento. Coragem com medo é sabedoria; coragem sem medo é destrutividade. Abbye tem muita sabedoria que vem com seu medo. E ela encontrou muita coragem. Vamos ajudar sua filha a fazer o mesmo.

Para onde estamos indo

Neste livro, aprenderemos muitas ferramentas da TCC. Você terá exercícios que poderá fazer com sua filha por conta própria que ajudarão a mudar seus pensamentos e, portanto, seus sentimentos e comportamentos.

Mas também falaremos sobre o que pode estar acontecendo por trás da ansiedade de sua filha. Observei ao longo dos anos que uma criança propensa a se preocupar geralmente o faz em momentos-chave.

A filha primogênita que notou que os pais parecem estar brigando mais tem um aumento no medo de monstros. Seus pais, entretanto, não sabiam que ela tinha ouvido as discussões ou visto os olhares furiosos do outro lado da mesa.

Outra menina, cujo irmão foi diagnosticado com câncer, de repente se preocupa muito com suas notas. Seus pais não a pressionam para tirar boas notas. Ela sempre se saiu bem por conta própria. Mas suas notas são algo que ela pode controlar, e o câncer que está afetando seu irmão não.

A adolescente que desenvolveu aleatoriamente um medo de sair em público foi repreendida por um professor na frente de seus colegas na primeira vez que participou de uma peça de teatro da escola, que também foi quando ela parou de querer sair de casa.

Não é apenas a idade ou os hormônios que determinam quando uma criança terá mais dificuldades com as preocupações. São também questões mais profundas de seu coração. E, é claro, isso também tem a ver com sua fé. Nossas preocupações estão ligadas às partes física, mental, emocional e espiritual de quem somos. Às vezes, elas se originam em um desses lugares, mas o Monstro da Preocupação tentará agir de forma astuta em todas as áreas da vida dela.

Normalmente, as preocupações aparecem primeiro no corpo, acelerando tanto o sistema nervoso que ela não consegue combater o Monstro da Preocupação. A região de luta ou fuga de seu cérebro assume o controle, e a lógica e a razão vão por água abaixo. Ela não consegue se livrar de suas preocupações, e você também não. Mas, se pudermos equipá-la com algumas ferramentas para acalmar o corpo, ela poderá pensar com mais clareza para combatê-lo nos próprios pensamentos que vierem.

A próxima parte do pensamento de sua filha é quando, como afirma a teoria da TCC, as preocupações dela realmente se instalam. O Monstro da Preocupação tem alguns truques comprovados e verdadeiros para fazê-la pensar que um problema é grande demais ou que ela é pequena demais para lidar com ele. Vamos abordar vários desses truques especificamente, com maneiras de ela se proteger deles. Ela descobrirá uma voz que é mais alta e mais forte do que o ruído caótico de suas preocupações. Nós a ensinaremos a acabar com o Monstro da Preocupação a todo momento.

Em seguida, ele tenta cravar suas garras no coração de sua filha. Ele vai atrás dela quando ela está mais vulnerável e tenta lhe dizer que não é capaz. Ela precisa se esconder. E precisa que você a proteja. Queremos lembrá-la de quem Deus a fez para ser e vê-la assumir a coragem que existe dentro dela. Em seguida, você a ajudará a elaborar um plano para avançar em direção às coisas de que ela tem medo e, assim, encontrar mais coragem do que imaginava ser possível.

Por fim, vamos armá-la com a verdade para que, quando o Monstro da Preocupação voltar com seu jeito de toupeira, ela tenha uma base inabalável para combatê-lo. Sua fé pode ser sua ferramenta mais forte e estável. Deus quer que ela tenha paz, força e esperança nele. Queremos ajudá-la a encontrar seu caminho para esse tipo de fé.

Ao longo do caminho, falaremos sobre os truques mais comuns do Monstro da Preocupação e as ferramentas que você e sua filha podem usar para combatê-lo. Ao ler os próximos capítulos, você verá muitos exemplos de medos diferentes. Não importa quais são os medos específicos de sua filha neste momento. Eles mudam com o tempo e ao longo de seu desenvolvimento. Seu nível de preocupação aumentará e diminuirá. Mas as ferramentas que você aprenderá funcionam com qualquer medo. Lutar contra o Monstro da Preocupação provavelmente será a batalha mais difícil que ela já travou. Como será ela quem lutará a maior parte do tempo, talvez seja uma de suas batalhas mais difíceis também.

Alguns pontos a serem considerados

Vamos voltar ao meu pequeno escritório amarelo na Daystar. Estamos sentados um em frente ao outro no fim de nossa primeira sessão. Você está no sofá. Eu estou em minha cadeira. Minha cadelinha, Lucy, está dormindo no canto, pronta para passar mais tempo com sua filha. Sua filha está no andar de baixo, esperando para começar a batalha do Monstro da Preocupação. Ela está pronta para que as coisas sejam diferentes. E você também está. Agora vocês dois entendem melhor o que está acontecendo com as preocupações dela. É aqui que começa a verdadeira ajuda. À medida que a envolvemos no processo, estas são as três coisas que eu mais quero que você se lembre.

1. O trabalho é dela, não seu. Você notou o quanto falamos sobre ela fazer coisas diferentes na última seção? Armando-a, ensinando-a, equipando-a? Há coisas que você precisa aprender e fazer, mas o trabalho de combater as preocupações é, em última análise, dela. Você não pode travar essa batalha por ela, por mais que queira. Ela terá de fazer o que é assustador, e você terá de permitir. Você pode ficar ao lado dela e torcer por ela a cada passo do caminho. Sim, a terapia é mais eficaz quando os pais estão envolvidos. Mas ela ainda precisa fazer o trabalho. É somente quando ela faz o trabalho sozinha que ela experimenta a recompensa. De fato, quanto mais preocupada ela estiver, mais confiança terá quando realizar a tarefa assustadora. Você não quer tirar essa autoestima ou coragem duramente conquistada ao travar a batalha por ela ou até mesmo permitir que ela a ignore.

2. *A prática faz o progresso.*[7] Essa é uma das afirmações favoritas de David em *Are My Kids on Track? The 12 Emotional, Social, and Spiritual Milestones Your Child Needs to Reach* e uma das minhas também ao entrarmos nessa batalha contra a preocupação. Esse processo será uma situação do tipo três passos para frente e dois para trás. Lutar contra as preocupações é um trabalho árduo, uma espécie de caminhada. O Monstro da Preocupação se esconde nos lugares mais pegajosos e lamacentos da mente e do coração, portanto, ela terá de ser tenaz na luta. Ela precisará de seu incentivo para praticar e praticar diariamente. Ela também precisará que você se alegre com qualquer avanço. O que importa é o processo, não o resultado. E qualquer passo na luta é um passo para que ela encontre sua coragem.

3. *Ela é mais corajosa do que acredita, mais forte do que parece e mais inteligente do que pensa.* Ela também é mais corajosa do que você pode acreditar, mais forte do que parece e mais inteligente do que qualquer um sabe (exceto Deus, é claro). Essas declarações são variações de algo que Christopher Robin disse ao Ursinho Pooh. E, curiosamente, a citação realmente começa com "Se houver um amanhã em que não estivermos juntos".[8] Parece apropriado, pois a ansiedade da separação é geralmente o ponto de partida das preocupações de uma menina. Pooh e A. A. Milne sabiam...

O título original do livro de atividades para meninas era *Braver, Stronger, Smarter, and More Loved Than You Know* [Mais corajosa, mais forte, mais inteligente e mais amada do que você imagina, em tradução livre]. Mas mudamos o título no processo de edição porque não queríamos que as meninas acreditassem que o amor delas estava ligado de alguma forma à ansiedade. Mesmo assim, o amor é o ponto principal. Esse amor é o motivo e a forma como este livro vai ajudá-las. Porque, por trás de todas as ferramentas que aprenderemos e de toda a prática que elas farão, o objetivo principal é lembrá-las de como são profundamente amadas por um Deus que as vê, as conhece e as entende, bem como a todas as suas preocupações. Ele as criou como as garotas corajosas, fortes e inteligentes que elas são agora. Na verdade, essa é uma das primeiras coisas que digo a elas em seus livros: "Este livro não tem a intenção de torná-las mais corajosas, fortes e inteligentes do que vocês são, porque vocês já são tudo isso. O objetivo é apenas abrir seus olhos para a bravura, a força e a inteligência que Deus colocou dentro de vocês".

Está tudo lá. Sua filha precisa que você se lembre disso por você e por ela. Ela pode fazer isso. E você também pode. Vocês dois são mais amados do que imaginam por um Deus que deu a ela tudo o que precisa para combater o Monstro da Preocupação. E você sempre será uma de suas melhores ferramentas.

Pontos-chave a serem lembrados

A ansiedade não é apenas uma epidemia. Ela também é uma tendência entre as crianças de hoje.

Às vezes, as meninas têm dificuldade com o marco da perspectiva e precisam de grandes palavras para descrever grandes emoções.

A taxa de hospitalização de crianças e adolescentes com ideação suicida ou que tentaram suicídio quase triplicou nos últimos dez anos. As taxas entre as meninas apresentaram o maior aumento.

As crianças estão procurando maneiras de se definir, e não queremos que elas se definam por suas dificuldades.

A falta de perspectiva faz com que as meninas sintam que o problema é maior do que elas. Elas precisam de sua ajuda.

Tentar parar de se preocupar não funciona, assim como não é possível parar de pensar em um urso polar. (Está vendo?)

A fuga e a evitação são as duas estratégias mais usadas pelas meninas e seus pais para controlar a ansiedade. Nenhuma dessas estratégias ajuda a resolver o problema.

A TCC é a abordagem terapêutica para a ansiedade mais orientada por pesquisas. Ela se baseia na ideia de que a maneira como pensamos afeta a maneira como nos sentimos, o que afeta a maneira como nos comportamos.

A ansiedade volta com diferentes temas em seu desenvolvimento. Com ajuda, as meninas (e seus pais) aprendem a diminuir seu poder a cada vez.

Suas preocupações afetam física, mental, emocional e espiritualmente sua filha. Neste livro, vamos combater o Monstro da Preocupação em todos os níveis. Aprenderemos seus truques, daremos a ela ferramentas e a armaremos com a verdade para descobrir a garota corajosa, forte e inteligente que Deus a criou para ser.

Entendendo melhor você e sua filha

- Como está o senso de perspectiva de sua filha? Como ela aprendeu ou não aprendeu esse marco?
- Como sua filha está tentando se definir hoje?
- Como você poderia ajudá-la a ter mais senso de perspectiva?

- Como você tentou fazer com que sua filha parasse de se preocupar no passado? O que funcionou e o que não funcionou? E quanto às suas próprias preocupações?
- Que exemplo você pode imaginar em que a maneira como você pensou em algo influenciou seus sentimentos e, portanto, seu comportamento? De sua filha, há algum exemplo parecido?
- Pense em uma linha do tempo para as preocupações de sua filha. Como elas evoluíram e com quais eventos importantes da vida elas coincidiram?
- Quais são suas esperanças para sua filha à medida que vocês avançam nessa jornada?
- O que você quer que ela saiba sobre si mesma?
- O que você acha que pode fazer para ajudar? O que você gostaria de mudar em relação à forma como a ajuda a combater suas preocupações?
- Do que você quer se lembrar ao seguir em frente?

SEÇÃO 2
AJUDA

CAPÍTULO 4
AJUDANDO SEU CORPO

Nas últimas duas semanas, tive quatorze novas consultas com meninas e suas famílias. Todas as famílias vieram com a filha em algum ponto do continuum de preocupações. A preocupação tinha origens e expressões diferentes, mas o Monstro da Preocupação está sequestrando o corpo, a mente e o coração de cada uma dessas meninas. Quatorze de quatorze. E seus pais estão desesperados por ajuda.

Estou sendo mais firme com os pais do que costumava ser em relação a ajudar seus filhos a superar a ansiedade. Não estou querendo alimentar qualquer culpa de pai ou mãe que você possa sentir. Não é sua culpa que sua filha esteja tendo dificuldades. Mesmo que, sem saber, você tenha feito coisas que possibilitaram a preocupação, o importante é se concentrar em desenvolver suas habilidades de enfrentamento junto com as dela. Lembre-se: todos nós nos preocupamos até certo ponto. Mas há um componente físico na ansiedade que é especialmente difícil para as crianças, portanto, ela precisa de sua ajuda. Você é fundamental para que ela vire a maré de preocupações.

Concordo plenamente com esta declaração dos autores do *Parent-Led CBT For Child Anxiety: Helping Parents Help Their Kids*: "Os pais são o agente de mudança mais importante que nós [terapeutas] podemos acessar para ajudar as crianças a superar as dificuldades com a ansiedade".[1]

Os truques do Monstro da Preocupação para ela

Há vários anos, eu estava em um passeio de bicicleta com minha querida amiga Melissa Trevathan, que fundou a Daystar Counseling.

Estávamos pedalando por terras agrícolas planas do Kentucky quando avistamos uma tempestade a vários quilômetros de distância que começava a soprar. Preocupadas, aumentamos o ritmo. Podíamos ver relâmpagos à distância e, embora nos sentíssemos bastante seguras, aceleramos e pedalamos o mais rápido que podíamos. Melissa estava provavelmente a uns cinquenta metros à minha frente quando um raio literalmente atingiu o chão entre nós. Imediatamente joguei minha bicicleta no chão e comecei a correr para um milharal próximo. *Um milharal? Como se isso fosse me proteger?* Independentemente disso, nenhuma parte de mim parou, procurou o abrigo mais próximo, levou a bicicleta até o acostamento e abaixou o suporte. Não, eu deixei minha bicicleta no meio da estrada e corri para um milharal. Eu não estava pensando. Estava reagindo ao medo que me atravessava como uma corrente elétrica. Minha reação foi um instinto de sobrevivência.

Em sua sabedoria, Deus nos deu um sistema de resposta a emergências: uma série de ações que nosso cérebro e nosso corpo realizam para manter a nós ou a outras pessoas vivas em uma emergência. Você provavelmente já passou por isso muitas vezes como pai ou mãe. Quando sua filha era pequena, ela já caiu, por exemplo, enquanto corria pela entrada da garagem? Imagino que você tenha corrido em direção a ela mais rápido do que jamais imaginou ser possível. Não há fim para as histórias dramáticas de mães e pais com força sobre-humana em meio ao perigo.

Essas habilidades de sobrevivência entram em ação sem que pensemos. Seu corpo entra em um sistema de respostas ditadas pelo sistema nervoso. Isso acontece em segundos. Você notou qual sistema está envolvido? Sim, os bons e velhos nervos.

Aqui está uma visão geral do que acontece: o sistema nervoso autônomo determina certas funções automáticas em nosso corpo. Ele tem dois ramos principais: o sistema nervoso simpático (luta ou fuga) e o sistema nervoso parassimpático (repouso e digestão). O sistema nervoso simpático é o que assume o controle quando estamos com medo.

"O medo faz com que sua resposta de luta ou fuga entre em ação", diz um artigo da *Right as Rain* que cita o psicólogo Daniel Evans. "Suas glândulas adrenais secretam adrenalina. O fluxo sanguíneo diminui para seu lobo frontal do cérebro, que é responsável pelo pensamento lógico e pelo planejamento, e as partes mais profundas e animalescas do cérebro — incluindo a amígdala — assumem o controle."[2] Então, cada parte do seu corpo trabalha em conjunto com um único objetivo: a sobrevivência. Sua frequência cardíaca e respiratória aumentam; sua pressão arterial aumenta. Deus projetou que até suas pupilas se dilatassem para que você pudesse ver o perigo com mais clareza. Seu sangue se desloca mais para os músculos maiores, de modo que você fica tenso e pronto, com as mãos frias e úmidas e a transpiração para provar isso.[3] Em outras palavras, Deus criou nosso corpo para que pudéssemos correr mais rápido em direção a plantações de milho para escapar de raios. Seu estômago entra em ação com o alarme, diminuindo a atividade digestiva para que você tenha toda a energia necessária para lutar ou fugir. O sangue até deixa a pele para que você não sangre tanto se for ferido.

Somos realmente feitos de forma maravilhosa e temível. Mas, às vezes, nosso cérebro funciona com alarmes falsos.

Uma amígdala cercada

A amígdala é famosa pelos alarmes falsos, especialmente nos 15% a 20% dos indivíduos que têm uma amígdala hiper-reativa para começar. Isso significa que sua filha não está pensando com clareza quando está ansiosa. Aliás, quanto mais ansiosa ela fica, menos claramente ela pensa. O fluxo sanguíneo se afasta do córtex pré-frontal — a parte do cérebro em que ela planeja, pensa racionalmente e gerencia suas emoções — e se desloca para a amígdala, a região do cérebro que luta ou foge. A amígdala, em essência, sequestra seu cérebro nesses momentos. Portanto, nenhuma quantidade de lógica de sua parte é alta o suficiente para abafar o lamento da amígdala até que a ensinemos a desacelerar o sistema nervoso simpático. (Falaremos mais sobre isso adiante, em "Ferramentas para ela".)

    O engraçado é que, enquanto eu estava trabalhando neste capítulo, Melissa, David e eu estávamos discursando em um evento em uma cidade fora da Flórida. Na primeira noite, depois de escrever o parágrafo anterior, eu fui acordada por um som de chilrear no meu quarto de hotel. A cada dois minutos: chirp... chirp... chirp... chirp. Demorou um pouco, mas percebi que a bateria do alarme de fumaça precisava ser substituída. Adivinhe o que isso estava causando? Um alarme falso que se repetia várias e várias vezes. Você sabe como é ser acordado no meio da noite. Decidi que um aplicativo de máquina de som no meu telefone era uma decisão melhor do que chamar a manutenção, sabendo que eu realmente não conseguiria voltar a dormir se eles entrassem no meu quarto e acendessem todas as luzes. Assim, adormeci com o chilrear ao fundo. Na manhã seguinte, liguei imediatamente para a recepção.

    Na segunda noite, exausta depois de falar por seis horas naquele dia, fiquei mais do que entusiasmada com o silêncio no meu quarto. Adormeci cedo depois de assistir a um programa no meu iPad, sabendo que tinha um voo cedo para casa na manhã seguinte. E, então, à 1h da manhã, tudo começou. Chirp. CHIRP. CHIRP! Não tenho ideia do que aconteceu, mas o alarme falso voltou a funcionar e achei que poderia perder a cabeça. Eu literalmente dormi em cima do meu telefone com o aplicativo da máquina de ruído ligado a noite toda. Daria para pensar que eu estava em uma barraca na floresta tropical pelos sons que vinham da minha cama. O chilrear era incansável e irritante. Eu não conseguia pensar em nada além do barulho. Eu me senti como uma pessoa louca a noite toda e fiquei exausta depois disso... algo muito parecido com o que sua filha sente quando a amígdala sequestra o cérebro dela.

Um corpo tenso para a tensão

Quando a amígdala assume o controle, o corpo de sua filha está pronto para responder. Todas as partes do sistema nervoso simpático entram em ação: o estômago, a cabeça, as mãos, os pensamentos e até mesmo a visão. Nesta semana, uma caloura do ensino médio me contou sobre um ataque de pânico durante uma prova de matemática em que os números estavam "nadando" na frente dela.

Quando a preocupação e a ansiedade baterem, sua filha provavelmente sentirá tontura e vertigem. Ela pode ficar chorosa e reclamar de dor de cabeça.

Seu peito pode ficar apertado e seu coração pode bater forte. Ela pode tremer e suar. Pode respirar mais rápido do que o normal e sentir que não consegue respirar o suficiente — todos os descritores de um ataque de pânico. Além disso, ela pode sentir náuseas, dor de estômago, diarreia e até vômito. Parece horrível, não é? E esses sintomas podem se manifestar em menos de meio segundo em resposta a um evento ou pensamento desencadeante.[4]

No longo prazo, as meninas podem acabar entrando em pânico por causa do pânico. Sua experiência com o medo será tão terrível que elas nunca mais vão querer sentir esse tipo de sofrimento.

Uma adolescente que aconselhei recentemente teve um pico de ansiedade durante a escola, o que resultou em um leve ataque de pânico. Ela usa um relógio inteligente e percebeu que sua frequência cardíaca ficou elevada durante o episódio. Agora, ela checa o relógio incessantemente na escola, preocupada com a possibilidade de sua frequência cardíaca aumentar novamente. Está preocupada com a preocupação e o efeito dela em seu corpo. Com a ansiedade, as crianças (e os adultos) geralmente têm mais medo do próprio medo do que do evento que o desencadeou, principalmente por causa da destruição que o medo causa em todo o corpo.

Muitas crianças (e seus pais) nunca percebem que a preocupação é o monstro que está atacando seus corpos. Ao longo dos anos, tenho visto várias meninas que culpam os problemas estomacais gerais, mas persistentes, por tudo o que as aflige... e não querem que lhes digam nada diferente. Elas tendem a ser as meninas fortes, perfeccionistas, que não conseguem ser vulneráveis e que acham que ter um estômago ansioso as faria parecer fracas. Outras têm consultas e mais consultas com pediatras e, finalmente, ouvem que não há causa médica para suas dores de cabeça. Então, acabam em meu consultório.

Deixe-me dizer, entretanto, que mesmo que os sintomas físicos de uma garota não tenham base médica, sua dor é real. Ela não está fingindo. Seu corpo realmente registra os efeitos de suas preocupações, mesmo que ela ainda não entenda o que está acontecendo. Ela precisará do pediatra e de você para ajudá-la a ligar os pontos e obter a ajuda necessária antes que esses pontos se expandam.

O impacto de longo prazo

A amígdala é eficiente. Quando decide que há motivo para alarme, ela soa o alarme de forma alta e persistente, assim como o alarme de fumaça com defeito do meu quarto de hotel. A preocupação é a causa mais comum de um alarme falso da amígdala. A preocupação crônica torna o alarme não apenas mais defeituoso, mas muito mais difícil de ser desligado.

Na verdade, o estresse crônico aumenta a amígdala, criando ainda mais vulnerabilidade ao medo, à ansiedade e à raiva. Robert Sapolsky, professor da Universidade de Stanford e especialista em estresse, diz: "O estresse crônico cria uma amígdala hiper-reativa e histérica".[5] *Histérica* parece ser uma palavra particularmente adequada. A amígdala aumenta e desenvolve o que é chamado de resposta de gatilho.

Em um de nossos livros favoritos da Daystar, *O cérebro que diz sim: como criar filhos corajosos, curiosos e resilientes*, Daniel Siegel e Tina Payne Bryson escrevem como o cérebro é essencialmente reconectado durante a preocupação.

> A arquitetura física real do cérebro se adapta a novas informações, reorganizando-se e criando caminhos neurais com base no que a pessoa vê, ouve, toca, pensa, pratica e assim por diante... Onde a atenção vai, os neurônios disparam. E onde os neurônios disparam, eles se conectam ou se unem.[6]

Em outras palavras, os cérebros que se preocupam cronicamente tornam-se programados para se preocuparem ainda mais.

Para os adolescentes, seus cérebros já estão sobrecarregados. Isso significa que o estresse afeta o cérebro do adolescente de forma ainda mais significativa. Em seu livro *The Self-Driven Child: the Science and Sense of Giving Your Kids More Control Over Their Lives*, William Stixrud e Ned Johnson explicam que "estudos em animais descobriram que, após um período prolongado de estresse, o cérebro adulto tende a se recuperar em dez dias, enquanto o cérebro adolescente leva cerca de três semanas".[7]

A preocupação afeta significativamente o cérebro de sua filha. E também afeta o seu. Sim, o Monstro da Preocupação tem um conjunto específico de truques para afetar você e sua capacidade de educar sua filha preocupada.

Os truques do Monstro da Preocupação para você

Lógica e razão

Se há uma emoção principal que ouço dos pais de meninas preocupadas, é a frustração.

"Eu tento dizer a ela o quanto ela está sendo irracional, mas ela não me ouve."

"Não há como falar com ela quando fica assim!"

Quase todos os pais dizem alguma versão da mesma frase. Quer adivinhar minha primeira resposta? Eu instruo os pais sobre o alarme falso da amígdala. Falo sobre como o cérebro de sua filha fica inundado de adrenalina e dopamina, o que a impossibilita de pensar com clareza. Ela não consegue ser lógica. Ela fica literalmente incapaz de raciocinar quando seu sistema nervoso simpático entra em ação para sobreviver. Até que consiga se acalmar, ela não consegue se convencer de que não está preocupada. E você também não.

O que deve acontecer em seguida? Ajude-a a respirar profundamente. Coloque seu braço ao redor dela. Tente acalmá-la. Diga a ela: "Querida, está tudo bem. Não precisa se preocupar. Não vou deixar que nada de ruim aconteça com você". Faça com que ela saia do caos de suas emoções.

Emoção e escalada

Quando minha cadela, Lucy, era filhote, fomos à escola para filhotes. Minha lembrança mais duradoura é a do instrutor me repreendendo — sim, a mim, e não à minha cachorra. Estávamos praticando a separação, e eu deveria deixar Lucy em um lugar e depois voltar. Mas, quando coloquei Lucy em uma posição sentada e disse a ela para ficar, ela choramingou. Foi então que minhas habilidades como mãe de cachorro foram por água abaixo. "Lucy, você está bem. Não se preocupe. Eu volto logo", eu disse com uma voz que pensei ser reconfortante. (Lucy, é claro, não fazia ideia do que eu estava dizendo.) De acordo com o treinador de cães, minhas tentativas de confortar Lucy soavam como um lamento em sua linguagem, e ela ficava ainda mais ansiosa, achando que havia ainda mais coisas erradas do que pensava. Hummm...

Falando em cães, quando Lucy e eu vimos uma menina de sete anos na Daystar recentemente, a menina começou a gritar e pulou no encosto do sofá atrás da mãe. A mãe a envolveu com os braços, puxou-a para o peito e disse: "Ah, querida. Sinto muito. Esse cachorro não vai pegar você". Depois, olhou para mim e disse com firmeza: "Ela tem muito medo de cachorro". Eu já mencionei que a Lucy pesa uns impressionantes oito quilos? E também já mencionei que o escritório é *dela*?

Sim, talvez eu tenha ficado um pouco irritada com a demonstração de emoção delas. Mas também fiquei desapontada com aquela menina. Sua mãe, em suas tentativas de confortar a filha, comunicou a ela que havia um motivo para ser confortada. Ela precisava ser resgatada. Eu queria que a mãe tivesse dito: "Querida, você está bem. Respire um pouco". Talvez então ela pudesse ter se levantado, dado um beijo na cabeça da filha e acrescentado algo como: "Ah, que cachorrinho lindo. Posso fazer carinho nela?". Ela poderia ter conversado com a filha sobre como Lucy

AJUDANDO SEU CORPO

era pequena, ou como era doce, ou nem precisaria ter dito uma palavra. Mas, independentemente disso, em qualquer uma dessas declarações, ela estaria comunicando que não havia nada a temer.

"A ansiedade é um método de buscar duas experiências: *certeza* e *conforto*. O problema é que ela quer esses dois resultados *imediata* e *continuamente*", de acordo com Reid Wilson e Lynn Lyons, autores de *Anxious Kids, Anxious Parents: 7 Ways to Stop the Worry Cycle and Raise Courageous and Independent Children*.[8] Para dar às crianças a certeza e o conforto que elas estão buscando, é necessário que as resgatemos de situações assustadoras. E toda vez que as resgatamos, perpetuamos a crença de que elas precisam ser resgatadas. Isso também as torna mais exigentes na próxima vez.

Quanto mais segurança damos, mais segurança eles acreditam que precisam. Nunca é suficiente, porque somos nós, e não elas, que estamos fazendo o trabalho. Isso se torna um fenômeno do tipo *if you give a mouse a cookie* [Se você der um biscoito a um rato, em tradução livre], em que uma coisa leva a outra. Tentamos usar a lógica. E, quando ela não responde, tentamos acalmá-la. Acalmar pode ser útil, até certo ponto. Mas queremos ter certeza de que não vamos catastrofizar a situação ou ficar presos na frase calmante.

Sua percepção

Já foi dito que "as crianças são ótimas observadoras, mas péssimas intérpretes".[9] Acredito que as crianças com ansiedade são ainda mais observadoras e péssimas intérpretes do que a maioria das outras. Lembra-se de seu viés de negatividade? Quando a amígdala fica histérica, ela interpreta o perigo de forma exagerada, além de superestimar a ameaça. Ela vê quase tudo como uma ameaça. O alarme falso dispara, e sua filha não sabe como não confiar nele. Ela precisa de sua ajuda para chegar à verdade.

Vou lhe dar um exemplo. Atendo várias moças que lidaram com uma ansiedade tão grave que desenvolveram sintomas do tipo TEPT com alucinações. Uma delas acreditava que um homem havia entrado no banco de trás de seu carro e até o viu pelo espelho retrovisor enquanto dirigia. Ela correu para casa e entrou correndo para chamar o pai. Quando ele saiu, não havia ninguém. Ficou claro que ninguém mais estava em seu carro naquela noite.

Os relatos mais comuns que ouço praticamente todos os dias das meninas incluem:

"Meu professor me odeia."

"Minha amiga me disse que nunca mais quer ser minha amiga!"

"Todos eles estavam falando mal de mim quando cheguei na hora do almoço."

Ocasionalmente, essas afirmações podem ser precisas. No entanto, a preocupação pode fazer com que as meninas distorçam as coisas negativamente contra si mesmas, de modo que seus pensamentos possam ser muito preto no branco e tender ao dramatismo. Elas usam palavras como "sempre" e "nunca" e falam sobre adultos que as "odeiam". Certas meninas sempre se apresentam como vítimas. Elas *são sempre* as que ficam de fora. *Nunca* são escolhidas. Seus professores estão *contra elas*. O desafio é que, se os pais não estiverem cientes de como a ansiedade pode distorcer o pensamento da menina, eles acreditam nela.

Tamar Chansky, em *Freeing Your Child From Anxiety: Practical Strategies to Overcome Fears, Worries, and Phobias and Be Prepared for Life* [Libertando seu filho da ansiedade: estratégias práticas para superar medos, preocupações e fobias e estar preparado para a vida, em tradução livre], escreve sobre como ajudar as crianças a mudar os trilhos do trem da preocupação que passa pelo cérebro delas.[10] Quando reagimos à interpretação que elas fazem de uma situação sem reunir todas as evidências, entramos no trem da preocupação ao lado delas. Reforçamos a preocupação.

As provas serão uma ferramenta importante sobre a qual falaremos no próximo capítulo. Mas, por enquanto, tenha cuidado ao pegar o telefone para ligar para o professor. Ou para os pais do amigo. Ou mesmo simplesmente reagir de uma forma que só se apoie no ponto de vista dela sobre a situação. O cérebro dela está recebendo as informações erradas de suas preocupações. A ansiedade distorce a percepção. E, quando essa percepção é distorcida, o problema fica maior e ela fica menor.

Ferramentas para ela

A ansiedade é muito parecida com um valentão. Antigamente, nos diziam que ignorar um agressor acabava fazendo com que ele fosse embora. Isso não acontece. Ele apenas sente mais poder no silêncio. A única maneira de se livrar de um agressor é confrontá-lo. Quando sua filha aprender a se virar e enfrentar o valentão da ansiedade, ele voltará com cada vez menos frequência e com cada vez menos poder. Mas, primeiro, temos de ir atrás dele onde ele vive.

Ouvindo seu corpo

A preocupação de sua filha se manifesta no corpo dela. Não importa quem ela seja ou com o que esteja preocupada. Quando essa preocupação começa a subir no termômetro, ela é registrada primeiro em algum lugar do corpo.

Em *Braver, Stronger, Smarter: a Girl's Guide to Overcoming Worry*, meu livro de atividades para meninas com ansiedade, apresento um esboço de uma garota no início do capítulo "Ajuda para mim". É um pouco como um mapa do corpo. Peço que ela escreva ou desenhe no esboço os sintomas na área do corpo em que esses sintomas aparecem. Sempre acho fascinante conversar com as meninas em meu consultório sobre onde elas sentem ansiedade. Em geral, elas têm uma percepção muito forte logo de cara. "Sinto cócegas na barriga" ou "Meu peito começa a doer", elas dizem. Uma garota na semana passada me disse que suas mãos ficam suadas.

Quanto mais cedo sua filha enfrentar o Monstro da Preocupação, menos os truques dele funcionarão. Queremos que ela entenda primeiro onde a preocupação afeta seu corpo para que possa reconhecer os sinais assim que ela começar. E, então, ela poderá começar a trabalhar para acabar com ele.

Respiração quadrada

Coloque sua mão em uma das pernas. De verdade, enquanto você está lendo isto. Quero que desenhe um quadrado em sua perna com o dedo indicador. Ao fazer a primeira linha do quadrado, inspire pelo nariz. No primeiro "canto", faça uma pausa de três segundos e, em seguida, expire pela boca enquanto desenha o próximo lado do quadrado. Continue esse padrão. Para cima. Pausa. Para o lado. Pausa. Para baixo. Pausa. Para o lado. Pausa. Quero que você faça isso três vezes. Como está se sentindo agora? Está menos preocupado do que quando começou o exercício? Chamamos isso de respiração quadrada. E é a primeira coisa que peço a qualquer criança que esteja preocupada para fazer.

Na semana passada, ensinei respiração quadrada a uma menina de sete anos. O quadrado não tinha graça suficiente para ela. Em vez disso, ela perguntou se poderia desenhar uma flor. Sua filha pode ser mais do tipo florista. Ou ela pode desenhar uma estrela ou um hexágono, se for essa a preferência dela. O melhor desse exercício é que ela pode fazê-lo em qualquer lugar... na escola, embaixo da carteira ou antes de um discurso, e ninguém verá o movimento sutil da mão sobre a perna. Ninguém provavelmente ouvirá sua respiração profunda. É a respiração que faz a diferença, e é a primeira estratégia que queremos que sua filha tenha em seu kit de ferramentas de preocupação.

A respiração profunda relaxa o corpo e diminui a velocidade do sistema nervoso simpático. Os vasos sanguíneos do cérebro se dilatam, permitindo que o sangue flua de volta ao córtex pré-frontal. Os músculos relaxam. A frequência cardíaca diminui. A pressão arterial começa a se estabilizar. Todos os efeitos do alarme falso desaparecem à medida que o corpo volta ao normal e sua filha volta a ser ela mesma.

Alguns são céticos quanto aos benefícios da respiração profunda. Depois que sua filha consultou um especialista em TCC, uma família me disse: "Não foi muito útil. Na maioria das vezes, eles só a ensinaram a respirar". De alguma forma, essa família não entendeu a mensagem. Aprender a respirar profundamente é muito útil devido à maneira como afeta seu corpo. Entretanto, o momento é importante. A respiração profunda é útil quando ela começa a sentir esses sentimentos ansiosos e irritantes. Se você pedir que ela respire quando já tiver entrado na zona de colapso, isso não funcionará ou causará um agravamento ainda maior. "EU NÃO QUERO RESPIRAR! NÃO ME IMPORTO COM O QUADRADO IDIOTA!" (Dá para perceber que já ouvi essa antes?)

Além da respiração quadrada, sua filha pode imaginar soprar uma determinada cor de ar em bolhas ou balões com a respiração. Ou ela pode se deitar no chão com um bicho de pelúcia sobre a barriga, observando o bicho subir e descer. Independentemente do método, pratique com ela. Queremos que ela saiba como respirar profundamente para tirar seu corpo do estado de resposta de emergência.

Técnicas de aterramento para a atenção plena

Você provavelmente já ouviu o termo *atenção plena* em um lugar ou outro nos últimos anos. A respiração profunda é, na verdade, uma parte da atenção plena, que se tornou uma prática terapêutica popular. A atenção plena é usada em escolas e hospitais em todo o mundo. A Mayo Clinic a define como "um tipo de meditação em que você se concentra em estar intensamente consciente do que está sentindo e sentindo no momento, sem interpretação ou julgamento. A prática da atenção plena envolve métodos de respiração, imagens guiadas e outras práticas para relaxar o corpo e a mente e ajudar a reduzir o estresse". Eles continuam dizendo que pesquisas demonstraram que a prática ajuda a combater o estresse, a ansiedade, a depressão, a insônia e problemas físicos, como a hipertensão.[11]

Como é de se esperar, a atenção plena tem seu próprio tipo de terapia que vem com as iniciais: MBSR. *Mindfulness-Based Stress Reduction* [redução do estresse com base na atenção plena, em tradução livre] é um programa desenvolvido na Universidade Médica de Massachusetts e é amplamente utilizado para tratar a ansiedade. Alice Walton, redatora *da Forbes*, diz: "Um estudo de Harvard em 2009 descobriu que, após um curso de oito semanas de MBSR, as pessoas tiveram uma redução significativa no volume da amígdala". Ela acrescenta: "Uma metanálise da Johns Hopkins em 2013 descobriu que a meditação estava ligada a uma redução significativa da ansiedade (e depressão e insônia)".[12]

Antes de continuar, deixe-me fazer uma ressalva, especialmente se você cresceu nas décadas de 1970 e 1980, como eu. Naquela época, a maioria das práticas de atenção plena estava ligada ao movimento da Nova Era, que era popular naquele momento. É possível que você já esteja descartando essa ideia como algo exagerado enquanto imagina sua filha com uma camiseta tingida com gravata e um cristal pendurado no pescoço. Não é disso que estou falando. A atenção plena realmente se tornou uma prática muito bem-sucedida no tratamento da ansiedade. Recentemente, encaminhei uma jovem a um dos melhores programas de tratamento terapêutico para ansiedade do país, e a atenção plena foi um dos principais métodos utilizados. Ela funciona. E embora a atenção plena tenha suas origens nas filosofias orientais, ela pode ser preenchida não apenas com as Escrituras e a oração mas também com o Espírito Santo.

Técnicas de aterramento, como a respiração quadrada, são formas de atenção plena. A atenção plena tem tudo a ver com o fato de estar fundamentado no presente. A ansiedade reside apenas no passado ou no futuro. Sua filha começa a se preocupar quando se lembra de algo que disse e que pareceu "idiota" para um amigo ontem, ou quando se antecipa à prova de terça-feira. Ela tem um pensamento de preocupação e, em seguida, o pensamento começa a dar voltas e voltas, de novo e de novo e de novo... e voltamos à montanha-russa de uma volta. Quanto mais ela dá voltas, mais em pânico se sente e mais alto soa o alarme falso. Um ataque de pânico é o ápice do sistema de alarme defeituoso.

Quando as meninas descrevem ataques de pânico para mim, elas falam sobre a sensação de estarem flutuando fora de seus corpos. Na verdade, a dissociação pode ser um sintoma de ansiedade e já foi comparada à sensação de se ver em um filme. As técnicas de aterramento são úteis porque elas realmente são exatamente o que parecem. Elas tiram sua filha da ansiedade e a trazem de volta ao presente.

Muitas técnicas de aterramento utilizam os sentidos. A respiração quadrada tem um duplo benefício, pois regula a respiração e o ato de tocar a perna tem um efeito de aterramento. Outro exercício comum de aterramento é o 5-4-3-2-1, em que você se concentra em cinco coisas que vê, quatro que sente, três que ouve, duas que cheira e uma que saboreia *no presente*. É ainda mais útil dizer essas coisas em voz alta, se possível, pois o som de sua voz também tem um efeito de aterramento adicional.

Mencionei anteriormente duas outras técnicas de estabilização que uso com as meninas: o jogo das cores, em que elas dizem o nome de tudo o que veem que é de uma determinada cor e, se forem matematicamente avançadas o suficiente, também as faço contar de cem a sete, um truque que aprendi com um amigo psiquiatra. Outro exercício é pedir a uma menina que pense em todas as palavras que puder que comecem com uma determinada letra, como *B*.

Em essência, as técnicas de aterramento ajudam as meninas a se concentrarem em algo que centralize o cérebro e as traga de volta dos pensamentos em looping para o presente.

Meditação das Escrituras

"Pois Deus não nos deu espírito de covardia, mas de poder, de amor e de equilíbrio." Repita essa frase — extraída de 2Timóteo 1:7 — em voz alta e com calma para si mesmo cinco vezes. Está vendo o efeito de fundamentação que as Escrituras podem ter? Outra coisa que faço logo no início de meu trabalho de preocupação com as meninas é pedir que elas escolham uma Escritura para memorizar sobre o tema do medo. Peço que elas voltem para casa e procurem na Bíblia até encontrarem um versículo que lhes traga conforto. Depois, peço que digam esse versículo para si mesmas repetidamente quando estiverem preocupadas.

É bom que sua filha encontre seu próprio versículo, embora você possa direcioná-la a diferentes opções. Ela pode precisar de sua ajuda para memorizar o versículo e pode dizê-lo em voz alta para você quando começar a ficar ansiosa. Quando ela repete o versículo, obtém um efeito duplo. Ela não apenas se acalma dizendo-o em voz alta, mas também guarda a palavra de Deus em seu coração, e sabemos que as Escrituras são uma das ferramentas mais poderosas que qualquer um de nós pode ter.

Atividade

Quando sua filha começar a se sentir ansiosa, quanto mais cedo ela iniciar as técnicas de respiração profunda e de atenção plena, maiores serão as chances de ajuda. Porém, se o trem da preocupação já tiver saído da estação, e ela apenas se render em vez de respirar com você, aumentando a ansiedade, há um método principal que eu sugeriria: atividade.

Talvez ela precise se movimentar para liberar parte da tensão acumulada no corpo antes de poder desligar o alarme. Peça que ela suba e desça as escadas correndo cinco vezes. Faça com que ela corra para cima e para baixo na entrada da garagem. Ou peça que ela arremesse cestas por dez minutos. Faça com que ela pule na cama elástica ou suba em sua bicicleta e dê uma volta no quarteirão. O movimento reinicia o corpo e o cérebro e pode ajudá-la a voltar a um estado de calma. Em seguida, ela pode praticar a respiração profunda ou, se estiver pronta, passar diretamente para as ferramentas do próximo capítulo.

Visualização

Vamos falar um pouco sobre a hora de dormir. A maioria das meninas me diz que a hora de dormir é o momento do dia em que elas ficam mais preocupadas. Se você tem uma filha que se deita na cama preocupada e se ela se preocupa e ensaia todas as coisas que podem incomodá-la, a visualização e o relaxamento muscular progressivo (descritos abaixo) são duas ferramentas que considerei muito úteis ao longo dos anos com meus filhos preocupados.

Uma mãe me contou sobre um exercício que ajudou muito sua filha. Quando ela está deitada na cama e não consegue dormir, sua mãe se deita com ela por um determinado período. A filha fecha os olhos e imagina três portas. Atrás de cada porta, há um lugar que ela ama. Em sua mente, ela abre uma porta e entra. Ela descreve a cena para sua mãe, com tudo o que ela vê e ouve (isso tem um efeito de aterramento). Em seguida, a menina faz o mesmo com a segunda porta e depois com a terceira. A mãe me disse que a filha geralmente não chega à segunda porta, muito menos à terceira, antes de pegar no sono. Imaginar-se em um lugar que ama tem um efeito calmante, assim como dizer as palavras em voz alta para a mãe. Sua filha também pode fazer isso na escola, embora ela provavelmente queira fazer em silêncio. Oriente que ela pense com antecedência em um lugar que a faça se sentir feliz e em paz. E, então, em momentos de estresse, ela pode se imaginar nessa cena com todos os detalhes que conseguir reunir.

Relaxamento

Outra das minhas técnicas favoritas para ajudar as crianças a dormir é o relaxamento muscular progressivo. O RMP é exatamente o que parece. Sua filha se deita na cama. Ela começa no topo da cabeça e vai descendo até os dedos dos pés, tensionando e depois relaxando cada grupo muscular por cinco segundos. O exercício não apenas relaxa o corpo, mas também concentra a mente nos músculos e se afasta dos pensamentos preocupantes. Tudo isso se baseia no "princípio das demandas concorrentes [que] afirma que uma pessoa não pode estar relaxada e ansiosa ao mesmo tempo".[13]

Além das ideias a seguir, recomendo enfaticamente sentar-se à mesa de jantar e pedir a cada membro da família que faça um brainstorming de suas próprias atividades de alívio da ansiedade para realizar em casa, no trabalho ou na escola.

- Faça listas como: vinte de suas coisas favoritas; dez coisas pelas quais ela é grata; dez pessoas com as quais ela se importa etc.
- Lembrar a letra de uma música que ela adora.
- Passar água nas mãos (se ela ficar ansiosa na escola, pode pedir para ir ao banheiro e fazer isso).
- Caminhar.
- Ir ao balanço.
- Alongar-se.
- Dar cambalhotas.
- Embaralhar cartas de baralho.
- Rasgar papel.
- Estourar plástico-bolha.
- Apertar uma bola antiestresse.
- Fazer ioga.

Ferramentas para você

Conscientização

Quanto mais sua filha aprende sobre o Monstro da Preocupação dela, mais fraco ele fica. Quanto mais você aprende sobre o *seu* Monstro da Preocupação, mais fraco ele também fica. A conscientização é realmente o início da mudança. É também uma das melhores ferramentas, agora e no futuro, para ajudá-la em sua batalha. Portanto, quero aumentar um pouco mais a conscientização sobre sua própria marca do Monstro da Preocupação.

Que mensagens seus pais lhe transmitiram quando criança sobre preocupações?

Quais estratégias de enfrentamento sua família usou?

Como você lida com o fracasso e os erros?

Como você lida com o gerenciamento do tempo? Como você lida com o atraso de sua família?

O que sua filha quer que você faça por ela que ela pode fazer sozinha?

O que você faz quando ela quer evitar algo?

Como os outros membros da família reagem?

Você está modelando a ansiedade ou suas próprias estratégias de enfrentamento?

O que sua filha já está fazendo que pode ser, na verdade, uma habilidade de enfrentamento própria? (Os rituais são, às vezes, maneiras que as crianças criam para lidar com a situação, inclusive as rotinas na hora de dormir.)

Quais são suas estratégias de enfrentamento mais usadas?

Talvez você sinta que precisa de mais estratégias. As ferramentas da seção anterior também podem ser ferramentas para você. Independentemente de sua preocupação estar relacionada a uma apresentação no trabalho ou a adormecer, ela pode afetá-lo da mesma forma que as preocupações dela a afetam. Sua amígdala emite um alarme falso e seus pensamentos começam a girar em looping. Tente fazer uma respiração quadrada. Memorize um versículo bíblico calmante. Pratique a atenção plena. À medida que você se tornar mais consciente e usar suas próprias ferramentas, ela fará o mesmo. As habilidades de enfrentamento são ensinadas, mas também são aprendidas quando ela vê você aprender a administrar seu próprio sentimento de preocupação e voltar para seu próprio lugar de calma.

Buscando a calma

A ansiedade que não é tratada só piora. O pânico, entretanto, é diferente. Essas sensações intensas de ansiedade passam com o tempo, geralmente dentro de cinco a trinta minutos. Se sua filha conseguir aguentar, respirando profundamente e praticando a atenção plena, o corpo dela se acalmará. Sua calma em meio ao caos dela ajuda muito.

Quando ela começar a se exaltar, mantenha o nível de sua voz. Faça sua própria respiração. Não entre em pânico. Ela realmente ficará bem. Ela pode ficar com raiva de você durante o processo, em especial se você tiver sido a principal habilidade de enfrentamento dela até esse momento. Ela pode querer levá-lo a uma discussão para que possa ter uma liberação emocional. Se explodir com você é a habilidade de enfrentamento que ela usa com mais frequência em casa, ela continuará na idade adulta e nos relacionamentos adultos, como casamento, amizades e relacionamentos no local de trabalho. Em vez disso, ensine a ela habilidades de enfrentamento saudáveis. Seja você mesmo um modelo delas. Ore persistentemente. Peça que ela pratique suas habilidades. Ela pode fazer isso. E você também pode, especialmente se ambos permanecerem calmos e conectados.

Uma forte conexão

Sua filha deseja estar conectada a você. Isso é bom, mas não se ela usar as preocupações para se sentir mais próxima de você. Fique atento ao tipo de atenção que você dá a ela quando ela se preocupa.

Mencionei anteriormente uma garota que me disse que a mãe era mais carinhosa com ela durante os ataques de pânico. Ela e a mãe tinham um relacionamento difícil, com muitas discussões. Quando brigavam, a mãe dela perdia a cabeça. Sinceramente, acho que isso a levou de volta à adolescência e ao relacionamento com sua própria mãe, ou à falta dele. Assim, foi quase como se ela tivesse se tornado uma adolescente novamente. Acredito que os ataques de pânico dessa menina eram tentativas inconscientes de fazer com que a mãe se reerguesse e fosse mãe. Ela queria que ela não apenas estivesse conectada, mas que fosse mais forte em meio a essa conexão. Os ataques aconteciam em momentos estressantes, mas eram sempre maiores quanto mais ela e a mãe estavam tendo problemas.

Também vemos muitas meninas em nossos consultórios que usam suas preocupações para atrair um de seus pais. Geralmente acontece mais com um dos dois. E quanto à sua filha? Para as mães: ela tende a chorar mais se você a leva para a escola do que se o pai a leva? Para os pais: ela se aproxima mais de você quando está nervosa do que da mãe? Se você for a pessoa que ela procura quando está com medo, é possível que você seja aquela que ela acha mais fácil de manipular.

Uma conexão saudável entre você e sua filha acontece quando você a ajuda a se sentir segura. Ela precisa que você sempre comece com empatia — para ouvi-la e validar seus sentimentos. Em seguida, ela precisa que você a ajude a seguir em frente, em vez de ficar presa em pensamentos repetitivos. Ela precisa que você a ajude a usar as habilidades de enfrentamento e a resolver os problemas de suas próprias preocupações. Ela se sentirá mais orgulhosa de si mesma quando for ela quem fizer o trabalho. Quando você faz o trabalho, ela só se torna mais dependente de você para fazê-lo novamente na próxima vez. Sua filha é capaz. E é a sua forte conexão que dá a ela a segurança e a confiança para enfrentar o Monstro da Preocupação com sua própria voz, que é ainda mais alta do que a dele.

Intuição

Confie em seu instinto, não importa se você é a mãe, o pai ou o avô dela. Você conhece sua filha. Sabe dizer quando ela está ansiosa. Você sabe do que ela precisa. Sua intuição é um de seus maiores dons para ela. Isso também pode ser uma de suas melhores ferramentas para ajudá-la a lidar com suas preocupações.

Quando você souber que uma determinada situação provavelmente será um gatilho para ela, lembre-a de sua respiração. Quando perceber que o termômetro da preocupação está subindo, peça que ela diga o versículo para você. Você pode saber que o Monstro da Preocupação está atrás dela antes mesmo que ela saiba. Ela ainda está aprendendo os truques dele e não sabe que não deve confiar em seus pensamentos ansiosos. Você pode confiar em sua intuição, desde que também esteja vivendo em sua própria consciência.

Às vezes, talvez seja necessário reduzir o ruído do seu próprio medo para chegar à sua intuição. À medida que continuar trabalhando em suas preocupações, sua intuição continuará a crescer. Sua voz se tornará mais forte do que a do Monstro da Preocupação, assim como a dela. Confie em si mesmo e nessa vozinha dentro de você. Eu digo aos pais diariamente em meu consultório: "Você a conhece melhor do que qualquer outra pessoa na vida dela. Você saberá o que fazer. Confie em seus instintos. E ore para que eles sejam guiados pelo Espírito Santo". É o que eu faço como conselheira. Eu sigo meu instinto e oro com frequência para que seja Deus, e não eu, quem esteja no comando.

Uma rotina equilibrada (também conhecida como o "prato da mente saudável")

As moças mais ansiosas que vejo geralmente são as mais ocupadas. São elas que não têm tempo para o que chamamos de "autocuidado" em minha profissão. Essas meninas "não podem se exercitar" por causa do excesso de deveres de casa em suas mochilas. Elas não podem tomar banho, assistir a um programa ou ter qualquer tipo de lazer porque "não há tempo" entre os treinos esportivos, a lição de casa e as poucas horas de sono. Suas agendas estão cheias demais e, portanto, elas estão estressadas demais. O fato é que você é, ou pode vir a ser, o responsável pela agenda da família, quer ela goste ou não.

Semelhante em princípio à pirâmide alimentar que estudamos no ensino fundamental ou médio, o prato da mente saudável é uma criação do Dr. Dan Siegel e do Dr. David Rock. Ele ilustra as "sete atividades mentais essenciais diárias necessárias para a saúde mental ideal", de acordo com o Dr. Rock.[14] Essa é a saúde mental ideal para todos nós, não apenas as crianças. Acredito que essas atividades não só desenvolvem a resiliência e o equilíbrio, mas também afastam as preocupações. Elas nos ajudam a desenvolver as conexões em nossos cérebros, a criar conexões com os outros[15] e a liberar o estresse que se acumula ao longo de nossos dias. Elas são boas para todas as partes de nosso corpo, mente e coração.

Um prato para uma mente saudável inclui: tempo para se concentrar, tempo para se divertir, tempo para se conectar, tempo para se exercitar, tempo para refletir, tempo para descansar e tempo para dormir.

O tempo de concentração é o tempo que sua filha passa concentrada em tarefas específicas, que desafiam e dão ao cérebro a oportunidade de fazer conexões. O trabalho escolar seria o principal lugar para ela ter tempo de concentração. Aprender ou praticar uma habilidade também é tempo de concentração.

O tempo da brincadeira é exatamente isto: brincar. Brincar é o "trabalho" das crianças. Ele fortalece suas habilidades cognitivas e de resolução de problemas, ao mesmo tempo que diminui o estresse. Ela usa suas habilidades de funcionamento executivo ao planejar a brincadeira, além de uma série de outras habilidades, como adaptabilidade e intencionalidade, ao executá-la. Isso também a ensina a lidar com a frustração e cria mais flexibilidade (da qual as crianças ansiosas precisam desesperadamente).[16] Portanto, brincar não apenas reduz o estresse a curto prazo mas também ensina habilidades para evitar o estresse a longo prazo.

O tempo de conexão é o tempo que sua filha se relaciona com outras pessoas e com o mundo ao redor dela. Os relacionamentos fortalecem as conexões em seu cérebro e a ajudam a descobrir mais sobre quem ela é. O tempo de conexão pode ser com a família, os amigos, os animais de estimação ou a natureza. Todos são importantes para seu corpo e mente em crescimento. (E sim, acredito que os animais de estimação são poderosos na vida de uma menina por muitas razões — veja *Are My Kids on Track? The 12 Emotional, Social, and Spiritual Milestones Your Child Needs to Reach* para saber mais sobre isso.) Se sua filha for educada em casa, ela precisa especificamente de tempo para se conectar com crianças da idade dela fora da família. Ela precisa participar de algum tipo de atividade extracurricular por meio da qual esteja aprendendo as habilidades que vêm com a amizade e o trabalho ao fazer parte de um grupo de colegas.

O tempo de exercício é um importante impedimento e antídoto para a ansiedade. O exercício libera endorfinas, que são neurotransmissores produzidos no cérebro que reduzem a dor. O exercício também aumenta a serotonina em seu cérebro, que é conhecida como a "substância química da felicidade". Mais de trinta minutos de exercícios produzem os melhores resultados. Se ela não for necessariamente uma grande fã dessa parte de seu prato da mente, talvez você possa se exercitar com ela. Ou um cachorro pode ajudar nisso... está vendo como os animais de estimação podem nos apoiar também?

O tempo da reflexão é basicamente um tempo para sua filha refletir. Esse tempo pode incluir a atenção plena, mas não pode incluir telas. É o momento em que ela abre espaço para os pensamentos criativos e reflexivos de que as crianças precisam para aliviar o estresse e crescer. Passar um tempo em silêncio, ler, escrever e criar por meio da arte são exemplos de tempo livre.

O tempo de descanso é um tempo não focado. É o não fazer nada deliberadamente e o "ficar entediado" que pode deixá-lo louco, mas é um rito de passagem para as crianças. O tempo de descanso é uma parte importante do aprendizado das crianças para se entreterem e resolverem problemas por si mesmas. Muitas vezes, também é o primeiro a desaparecer em uma agenda lotada. De 60 a 80% da energia do cérebro é usada no modo padrão... não fazendo nada.[17] Esse é o tempo deitado na cama antes de dormir, relaxando no banho, sentado em um balanço no quintal. O tempo de inatividade recarrega as baterias do cérebro e o ajuda a "armazenar informações em locais mais permanentes, ganhar perspectiva, processar ideias complicadas e ser verdadeiramente criativo. Também tem sido associado, em jovens, ao desenvolvimento de um forte senso de identidade e de uma capacidade de empatia", de acordo com Stixrud e Johnson.[18]

O tempo de sono é necessário para o crescimento ideal do cérebro. A ansiedade é agravada pela privação frequente de sono. Os autores do livro *O cérebro que diz sim: como criar filhos corajosos, curiosos e resilientes* explicam: "O sono adequado é necessário para permitir que as toxinas inevitáveis do disparo neural durante o dia sejam limpas para que possamos começar o dia com um cérebro fresco e limpo! O sono é a higiene do cérebro". Para todos nós. E, se ela não está dormindo o suficiente, é provável que você também não esteja.[19]

Todos nós poderíamos nos beneficiar de um prato da mente saudável. Mas vamos dizer isso de uma vez por todas. Se há alguém que vai garantir que o prato da mente de sua família esteja saudável, é você. Você é o guardião da agenda. Você pode ser o promotor do equilíbrio nessa questão. Use o prato da mente saudável como uma atividade ao redor da mesa de jantar. Conversem sobre a situação atual da família. Que partes são mais fortes e mais fracas em sua família? E para cada um de vocês individualmente? Como vocês poderiam elaborar um plano para se tornarem mais equilibrados? Passem um fim de semana com tempo dedicado a cada atividade, separadamente e depois em conjunto, e voltem e apresentem um relatório no jantar de domingo à noite.

Suas amígdalas lhe agradecerão. Seus corpos lhe agradecerão. E, um dia, seus filhos lhe agradecerão... mesmo que, nesse meio-tempo, eles possam revirar um pouco os olhos.

O dr. William Stixrud e Ned Johnson fizeram muitas pesquisas sobre a alta ansiedade e a baixa motivação das crianças em nossa cultura. Inclusive, eles escreveram um livro sobre isso chamado *The Self-Driven Child: the Science and Sense of Giving Your Kids More Control Over Their Lives*. Em uma entrevista para a *Scientific American*, eles falam sobre isso e a necessidade de controle.

> Pesquisas sobre motivação sugerem que um forte senso de autonomia é *a* chave para desenvolver a motivação saudável que permite que crianças e adolescentes busquem seus objetivos com paixão e desfrutem de suas conquistas. No entanto, o que vemos em muitas das crianças que

testamos ou orientamos são padrões motivacionais que estão nos extremos de, primeiro, um impulso obsessivo para o sucesso e, segundo, vendo pouco sentido em trabalhar duro. Muitos desses clientes dizem que se sentem sobrecarregados pelas demandas que lhes são impostas, que se sentem cansados o tempo todo e que não têm tempo ocioso suficiente na vida (relacionado, em parte, à crescente presença da tecnologia). Muitos falam sobre as expectativas que sentem que têm de corresponder, e muitos reclamam do fato de terem pouco poder sobre suas próprias vidas.[20]

O ponto principal, dizem Stixrud e Johnson, é que as crianças precisam de "um adulto que as apoie, precisam de tempo para se recuperar do evento estressante e precisam ter um senso de controle sobre suas vidas".[21] Em outras palavras, nossos filhos precisam que sejamos fortes e conectados. Eles precisam de nós para ajudá-los a aprender a ter um senso de equilíbrio. E precisam de nós para ajudá-los a encontrar o caminho até suas próprias ferramentas para derrotar seus Monstros da Preocupação. Falaremos mais sobre isso no próximo capítulo. Por enquanto, porém, quero que você continue respirando. Ajude sua filha a continuar respirando. Lembre-a de que ela pode fazer isso. Você a conhece melhor do que qualquer outra pessoa e sabe do que ela precisa.

Ontem, encontrei-me pela primeira vez com uma menina que "tende a se preocupar", de acordo com sua sábia mãe. Enquanto conversávamos, a mãe disse: "Ela é muito criativa. Ela só precisa de ajuda para encontrar ferramentas para lidar com suas preocupações". O que essa mãe não percebeu foi que ela já havia lhe dado todas as ferramentas de que sua filha precisava. A menina me contou sobre uma lâmpada de lava e uma luz sensorial que sua mãe havia lhe dado. "Quando estou caindo no sono, me ajuda muito ver algo subir, descer e girar", disse ela. Depois, ela me contou como sua mãe havia lhe falado sobre contar carneirinhos. "Eu nunca tinha tentado fazer isso. Então, fechei os olhos e comecei a contar. Achei que poderia acariciá-lo enquanto contava. Ele era tão fofo. Nem cheguei a contar ou acariciar tantos antes de cair no sono."

Tentei acrescentar mais algumas ferramentas — muitas das quais falamos neste capítulo. Mas, principalmente, eu lhe disse que as estratégias que ela e a mãe haviam inventado juntas eram fantásticas. Essa menina já estava vencendo o Monstro da Preocupação — com toda a criatividade e a coragem que Deus havia colocado dentro dela e com o apoio de sua mãe conectada e intuitiva.

Você conseguiu. Vamos continuar avançando para obter mais ferramentas para derrotar os truques do Monstro da Preocupação.

Pontos-chave a serem lembrados

Você é o agente de mudança mais importante para ajudar sua filha a combater o Monstro da Preocupação.

Seu corpo tem um sistema de resposta de emergência que responde aos sinais de luta ou fuga da amígdala. Quando o alarme soa, todo o seu corpo entra em ação.

A amígdala é famosa pelos alarmes falsos, especialmente quando você está propenso a se preocupar. Sua filha não está pensando com clareza quando está ansiosa.

A preocupação afeta o corpo de cada garota de maneiras diferentes e genuínas. Como resultado, muitas vezes ela interpreta erroneamente os sintomas como um problema físico e fica preocupada por estar preocupada.

Os cérebros que se preocupam cronicamente tornam-se programados para se preocuparem ainda mais.

Os truques do Monstro da Preocupação para você incluem a tentativa de fazer com que ela se livre de suas preocupações. Quando o raciocínio não funciona, é fácil passar para a emoção e a escalada.

As crianças com ansiedade querem certeza, conforto e segurança. Quanto mais segurança dermos, mais segurança elas acreditam que precisam.

A ansiedade distorce a percepção de sua filha. Ela precisa de sua ajuda para ver todos os lados.

Os sintomas físicos costumam ser o primeiro sinal de que o termômetro da preocupação dela está subindo.

A respiração profunda acalma o corpo e permite que a amígdala saiba que o alarme foi falso.

A ansiedade faz com que ela se desconecte do presente e, às vezes, de seu corpo. A atenção plena e o aterramento a centralizam e a reorientam para o presente. A memorização e a recitação das Escrituras também servem de âncora para o coração de sua filha.

Sua filha não pode estar relaxada e preocupada ao mesmo tempo. A visualização e o relaxamento muscular progressivo podem ajudar o corpo dela a relaxar, especialmente na hora de dormir.

As habilidades de enfrentamento podem ajudar sua filha a direcionar suas emoções para algo construtivo.

A conscientização é o início da mudança.

Sua filha precisa da calma, da intuição e do forte senso de conexão que só você pode proporcionar. Conecte-se com ela, não com suas preocupações.

Você é o responsável pela programação da família, e ela precisa de sua ajuda para encontrar o equilíbrio. O equilíbrio inclui tempo para se concentrar, brincar, conectar-se, refletir, descansar, exercitar-se e não fazer nenhuma dessas coisas.

Entendendo melhor você e sua filha

Qual é o nível de estresse típico dela? Qual é o seu?

Quando foi a última vez que seu sistema de resposta a emergências entrou em ação? E o de sua filha?

Você consegue se lembrar de uma ocasião em que sua amígdala emitiu um alarme falso? E a de sua filha?

Que sintomas físicos sua filha apresenta quando está preocupada? E você?

O que acontece quando sua filha se preocupa e você tenta intervir? Como é a escalada em sua casa?

Quais dos truques do Monstro da Preocupação você percebe agindo em si mesmo? Como?

Onde a preocupação de sua filha a afeta primeiro? E as suas?

Qual prática de atenção plena você pode fazer com sua filha? E com você mesmo?

Que versículo sua filha escolheu? E você?

O que você descobriu que ajuda sua filha a relaxar? O que te ajuda?

Quais são as habilidades de enfrentamento dela? E as suas?

Do que você se tornou mais consciente desde que começou a ler este livro?

Que tipo de atenção você dá à sua filha quando ela se preocupa? Você gostaria de fazer algo diferente?

Como sua família está se saindo com o equilíbrio? O que você gostaria de mudar?

CAPÍTULO 5
AJUDANDO SUA MENTE

A ansiedade pode ser sorrateira e aparecer de maneiras que não reconhecemos. Ontem, em uma conferência, conversei com uma mulher que me disse que tinha acabado de descobrir que as dores de estômago que sempre teve não eram um problema médico, e sim causadas pela ansiedade. Ela está na casa dos quarenta anos, é mãe de cinco filhos, escreveu dois livros e está aprendendo a reconhecer o Monstro da Preocupação como ele é — conivente e implacável. Ele é implacável, isto é, até que sua filha aprenda a enfrentá-lo com a força e a verdade que Deus a criou para ter. É para lá que vamos neste capítulo. Mas, primeiro, gostaria de saber se você é um pouco como eu, e se o Monstro da Preocupação está começando a parecer outro adversário que conhecemos muito bem...

> Tenham uma mente tranquila, mas estejam sempre atentos. O Diabo está querendo atacar e não quer outra coisa senão apanhar vocês desprevenidos. Não baixem a guarda. Vocês não são os únicos a enfrentar momentos difíceis. Acontece o mesmo com muitos cristãos ao redor do mundo. Por isso, fiquem firmes na fé. O sofrimento não vai durar para sempre. Não na presença de um Deus generoso, que tem grandes planos para nós em Cristo, planos eternos e gloriosos! Ele vai conservá-los unidos e firmes para sempre. Deus tem a última palavra. Sim, ele a tem. — 1Pedro 5:8-11 (*A mensagem*)

Cristo de fato tem a última palavra! E quero continuar lembrando a você e à sua filha dessa verdade — até que isso esteja mais presente nos pensamentos dela do que as palavras do Monstro da Preocupação.

Agora, se você tiver uma filha muito imaginativa e ansiosa, talvez não queira dizer diretamente a ela que o Monstro da Preocupação e Satanás são muito parecidos. Ela provavelmente ficaria ainda mais ansiosa e imaginaria Satanás se escondendo debaixo da cama à noite. Um Monstro da Preocupação parece um pouco mais fácil de combater. E não queremos aumentar a superestimação da ameaça. Ela consegue fazer isso. Seja qual for o nome que usarem, vocês dois precisam conhecer o inimigo. Ou, pelo menos, precisam conhecer as táticas dele — contra ela e contra você.

Os truques do Monstro da Preocupação para ela

SE VOCÊ CONHECE O INIMIGO E CONHECE A SI MESMO, NÃO PRECISA TEMER O RESULTADO DE UMA CENTENA DE BATALHAS.
— SUN TZU[1]

Voltemos ao cérebro de sua filha por um momento. Quando o alarme falso da amígdala soa, o córtex pré-frontal tenta encontrar e resolver o problema. Quando não há ameaça real, o córtex pré-frontal usa seus vastos poderes de imaginação. Em outras palavras, a amígdala colocou o corpo de sua filha em estado de luta ou fuga. Mas o córtex pré-frontal agora envia a mente dela para infinitas possibilidades exageradas e catastróficas do tipo "e se".

Conforme abordamos no último capítulo, a primeira frente de batalha é seu corpo. A segunda é sua mente.

Quando o Monstro da Preocupação soa o alarme, sua filha acredita que está em perigo. Pode levar de quinze a vinte minutos para que o corpo dela se acalme e a resposta de luta ou fuga diminua. Seu pensamento não estará claro até que isso aconteça. Nesses momentos, o Monstro da Preocupação tem a vantagem e a utiliza. Lembre-se do início do capítulo 4, em que a amígdala leva menos de meio segundo para entrar em ação. E, quando isso acontece, aqueles pensamentos preocupantes vêm logo atrás.

Quais são esses pensamentos? Suas preocupações geralmente se enquadram em uma, se não em todas, das seguintes categorias.

Probabilidade exagerada

Não existe "pequena chance de chuva" para uma pessoa preocupada. Há 100% de chance de chuva. Toda. Vez. E não importa qual seja o medo. Esse medo já se transformou em fato predestinado.

Vou vomitar na escola hoje.

Terei um ataque de pânico na reunião de pista.

Minha mãe sofrerá um acidente de carro.

Meus amigos vão rir de mim se eu usar essa roupa.

Não sei quanto a você, mas eu era especialista em preocupações quando estava crescendo. Principalmente quando tentava dormir à noite. Consigo me imaginar em meu quarto, deitada, ouvindo cada batida, rangido e barulho aleatórios da casa. Ainda me lembro de ver em minha mente — e a imagem parecia real demais — as pessoas que já haviam matado minha mãe e meu pai enquanto dormiam e que estavam subindo as escadas para me matar. Eu não estava apenas preocupada com isso; eu tinha certeza. E sua filha também, seja qual for o medo dela. O Monstro da Preocupação pega a coisa que ela mais teme e a convence, por meio de seu cérebro preocupado, de que isso logo será um fato horrível e terrível.

Pensamento catastrófico

Há quase dez anos, aconselhei uma menina muito consciente da sexta série. Ela era uma boa aluna em todos os sentidos: fazia *todos* os deveres de casa *o tempo todo*, estudava *muito bem* para as provas, ia para a aula *preparada* e levantava a mão *sempre* que podia. Está ouvindo a ansiedade aumentando? Ela queria que seu professor acreditasse que ela era inteligente, trabalhadora e honesta. E, de alguma forma, com toda a pressão que estava exercendo sobre si mesma, ela desenvolveu o medo de colar.

Lembro-me de uma história que ela me contou um dia. "Hoje, eu estava sentada na sala de aula fazendo uma prova", disse ela, "e olhei para minha amiga que estava sentada na minha frente. Eu não estava tentando colar, mas vi a borda do teste dela. Não vi nenhuma resposta, mas fiquei muito preocupada. Comecei a pensar que não era minha intenção colar, mas que talvez eu tivesse visto alguma coisa sem saber e tivesse colado por acidente. Pensei: *'Ah, não, eu posso ter colado'*. Então, eu fui até meu professor e lhe disse que tinha colado na prova".

Você notou os pensamentos em looping? O pânico? A amígdala assumindo o controle e a lógica indo embora? No início, a garota estava confiante de que não tinha visto nenhuma resposta. Mas, ao final da linha do trem da preocupação, ela estava convencida de que havia colado e até confessou ao professor.

Desde aquela época, eu provavelmente já ouvi umas vinte versões diferentes dessa história. Com o pensamento catastrófico, a pior coisa não só vai acontecer como será ainda pior do que ela esperava quando acontecer!

"Vou vomitar na escola hoje, e todos vão me ver, e depois terei de ir para casa e trocar de roupa, e minha mesa estará vazia, e todos saberão o que aconteceu e rirão de mim o dia todo."

"Terei um ataque de pânico no encontro de atletismo. Max, de quem gosto, estará lá e verá. Ele vai me achar burra e esquisita e nunca mais vai gostar de mim!"

"Minha mãe sofrerá um acidente de carro e morrerá, porque eu não disse adeus a ela mais uma vez."

"Meus amigos rirão de mim se eu usar essa roupa. Eles até dirão algo rude sobre mim nas redes sociais ou me excluirão da foto. Eles não me convidarão da próxima vez. Provavelmente nem vão mais querer ser meus amigos. Talvez nunca tenham gostado de mim para começar".

E assim ele se repete... e se repete... e se repete. E o que é ainda pior é que essas meninas acreditam que são incapazes de interromper seus pensamentos.

Capacidade subestimada

Um exercício da terapia cognitivo-comportamental é fazer com que o cliente desenhe um círculo. Dentro desse círculo, ele escreve ou faz desenhos das coisas que pode controlar. Fora do círculo, ele desenha as coisas que não pode controlar. Vejo muitas meninas que acreditam que não há nada controlável dentro de seus círculos. Essa sensação de impotência se tornou uma marca registrada das meninas com ansiedade. Não há nada que ela possa fazer para mudar, ela pensa. Ela não é corajosa o suficiente. Ou forte o suficiente. Ou inteligente o suficiente. (É daí que vem o título do livro de atividades para meninas.)

Se sua filha é uma pessoa preocupada, em algum momento ela adotou uma visão errada de si mesma. Como eu disse antes, as meninas são duras consigo mesmas. Talvez ela seja perfeccionista e faça comentários negativos sobre ela própria. Os comentários de outras meninas são, às vezes, mais ofensivos. Portanto, durante os anos de crescimento, sua filha provavelmente ouviu comentários ofensivos que se infiltraram no que ela acredita sobre si mesma. Independentemente disso, se você a ouvir começar frases com "Não consigo", "Não sei como", "Nunca vou conseguir" ou "Todo mundo", você tem uma janela para os ataques do Monstro da Preocupação dela. Ela não está apenas duvidando de suas habilidades, está duvidando de si mesma.

É verdade que ela pode não ser capaz de controlar a situação, mas *pode* controlar como reage a ela. Todas as vezes. Mas ela talvez precise de você para ajudá-la a se lembrar disso.

Uma memória defeituosa

A preocupação não tem memória. Bem, para ser exata, ele não se lembra das coisas boas ou corajosas — como das vezes em que sua filha lutou contra o Monstro da Preocupação e venceu. Em vez disso, ela se lembra de todas as coisas ruins que acontecem com sua filha e usa apenas essas memórias em seu algoritmo de probabilidade. As boas experiências nunca são levadas em conta. É como um sistema de débito e crédito, só que nenhum crédito se acumula na terra da ansiedade — apenas débitos.

Isso significa que, quando sua filha fica ansiosa, ela não se lembra da coisa corajosa que fez ontem. Ela não se lembra de que a escola era realmente boa quando entrava no prédio. Ela não se lembra da vez em que disse sua fala na peça de forma impecável e até se divertiu. Ela não se lembra das vezes em que se sentiu confiante e orgulhosa de si mesma. Ela não pode comemorar suas vitórias sobre o Monstro da Preocupação, porque não consegue se lembrar delas. Ela só consegue se lembrar dos truques dele.

Estudo após estudo descobriu que os eventos negativos nos afetam mais do que os positivos. Isso está ligado à maneira como nosso cérebro processa emoções e memórias. Um repórter *do New York Times* entrevistou Clifford Nass, professor de comunicação da Universidade de Stanford, e resumiu as observações de Nass: "As emoções negativas geralmente envolvem mais raciocínio, e as informações são processadas mais detalhadamente do que as positivas... Assim, tendemos a ruminar mais os eventos desagradáveis — e a usar palavras mais fortes para descrevê-los — do que os felizes."[2] O Dr. Nass estava descrevendo adultos — com cérebros totalmente desenvolvidos. Aqui, estamos falando da menina que você ama e que ainda está crescendo, que distorce as coisas contra si mesma, cujo cérebro não está totalmente desenvolvido, e tem uma amígdala que exagera e a subestima. Normalmente, as garotas com falhas de memória fazem muitas perguntas.

Perguntas perpétuas

Há vários anos, na Hopetown, em nossa experiência de verão para crianças, uma garota em particular estava lutando contra a ansiedade. Ela fazia praticamente uma pergunta (ou mais) *a cada meia hora*. "O que vamos fazer agora?"; "Que horas é o almoço?"; "Quando vamos para o lago?"; "Que horas é a hora de dormir?"; "A que horas vamos nos levantar de manhã?" Era exaustivo. Como mencionei no último capítulo, as crianças com ansiedade querem conforto e certeza, e querem isso perpetuamente. Ela queria saber o que aconteceria em seguida. Queria saber naquele momento e novamente trinta minutos depois. Hopetown é administrada de forma rígida, mas para as crianças provavelmente parece descontraída, e a flexibilidade é assustadora para uma garota que se preocupa. (Voltaremos mais tarde à ideia de que essa também é uma importante habilidade de vida para ela desenvolver.)

Quantas perguntas sua filha faz em um dia? Ela faz perguntas repetidas sobre as mesmas coisas? Em seu livro *Why Smart Kids Worry: and What Parents Can Do to Help*, Allison Edwards sugere a Regra das Cinco Perguntas, que permite que seu filho faça apenas cinco perguntas sobre o mesmo assunto por dia.[3] Sua filha está fazendo perguntas para se tranquilizar. Ela quer conforto e certeza. Ela confia em você. E ela pergunta. E pergunta. E pergunta novamente.

Caso *suas* preocupações estejam surgindo agora — O que devo fazer quando ela faz tantas perguntas? Como faço para impedi-la de fazer tantas perguntas? Em primeiro lugar, por que ela está fazendo essas perguntas? Como posso saber se ela está realmente se perguntando sobre algo ou se são as preocupações dela que provocam as perguntas? (Foram cinco perguntas?) —, vou fornecer algumas ferramentas aqui no meio da discussão sobre os truques do Monstro da Preocupação.

Se sua filha perguntar algo repetidamente, dê a ela um limite. "Você só pode fazer cinco perguntas sobre o mesmo assunto. Certifique-se de que suas perguntas sejam importantes." Ela automaticamente diminuirá *a velocidade* e *pensará* — que é a última coisa que o Monstro da Preocupação quer que ela faça. Muitas vezes, o pânico passará apenas no processo de ela ter de pensar sobre as perguntas que realmente quer que sejam respondidas. Você também pode devolver a pergunta para ela. "Quanto tempo normalmente levo para fazer seu café da manhã? Então, quando você acha que vamos comer?" Você pode até ter empatia e fazer perguntas abertas sobre as preocupações dela. "Parece que você está começando a sentir algum medo em relação a isso. Do que você acha que tem medo?" E minha ferramenta favorita é simplesmente confrontar o Monstro da Preocupação de frente: "É a sua preocupação que está falando ou é você?".

No entanto, preciso prepará-lo: se você tem respondido às constantes perguntas dela até agora, está dando um biscoito para o rato, por assim dizer. Quando você parar, o rato — e o Monstro da Preocupação — ficará *furioso*! Falaremos mais sobre o que chamamos de "explosões de extinção" no próximo capítulo. Basta dizer que ela precisa de outros mecanismos de enfrentamento além de você. E as perguntas são um dos maiores truques do Monstro da Preocupação para vocês dois.

Os truques do Monstro da Preocupação para você

Já mencionei que a busca por garantias é um dos maiores truques do *seu* Monstro da Preocupação. Você pode facilmente cair na armadilha de tentar tranquilizar o pensamento catastrófico e exagerado dela. Mas a tranquilidade sempre precisa de mais tranquilidade. O rato precisa de mais biscoitos. Ele fica mais barulhento e, muitas vezes, mais irritado. E então temos outro problema em nossas mãos.

Permitindo o mau comportamento

Nos círculos terapêuticos, a raiva é considerada uma emoção secundária porque, com frequência, há outra emoção subjacente a ela. A ansiedade costuma ser a principal emoção que gera raiva nas meninas. Aliás, nos meninos também. As meninas mais jovens, em particular, geralmente não têm a compreensão ou as palavras para descrever o que estão sentindo. Portanto, quando os pais de meninas com idade entre um e dois anos vêm ao meu consultório para falar sobre a raiva que suas filhas estão sentindo, muitas vezes acabamos falando sobre ansiedade.

A raiva surge de forma diferente em cada criança. Independentemente de explodirem ou implodirem, de estarem programadas para se preocuparem ou lutarem contra a negatividade, ou de terem passado por um trauma, todas as crianças que se preocupam muito buscam conforto e certeza. Elas não sentem muito isso dentro de si mesmas. Elas se apegam à segurança, que geralmente inclui você. Elas fazem perguntas do tipo "e se" e podem se tornar exigentes se as respostas não aliviarem sua ansiedade crescente. Elas querem saber sua programação do dia inteiro quando ele ainda nem começou. Elas evitam coisas e pessoas novas e fazem o possível para evitar tudo o que as deixa mais ansiosas. Para muitas, a ansiedade se manifesta mais com você do que com qualquer outra pessoa, porque você é a coisa mais segura na vida delas. Sua filha pode chorar durante todo o caminho para a escola e depois se recompor na frente da professora. Ela pode manter as preocupações sob controle na frente dos amigos, mas depois entra no carro com você e desmorona. Como você é um porto seguro, recebe o peso do comportamento de busca de segurança.

Crianças ansiosas são excessivamente focadas em suas próprias emoções e necessidades. Por causa dessa consciência, elas podem se tornar exigentes, principalmente com você.

Se as preocupações e exigências de sua filha se manifestarem na forma de raiva, ela ainda precisa de disciplina. Em todos os seminários para pais que meus colegas e eu ministramos, falamos sobre como os limites criam segurança nas crianças. Ela se sentirá mais segura quando souber que não é a pessoa mais poderosa da sala. Os limites também criam confiança. Se for permitido que ela seja a pior versão de si mesma, ela acabará se tornando quem acredita ser.

Você pode começar com uma advertência: "Sei que está com raiva, mas não tem permissão para falar comigo dessa forma". Ou: "Percebo que é a sua preocupação falando, mas quero que você respire por um minuto e tente dizer isso novamente com mais respeito". Dê-lhe um aviso primeiro, pois ela pode não saber que está parecendo irritada ou desrespeitosa no momento. Em seguida, dê-lhe consequências se ela não controlar a raiva. Se a raiva não for controlada em casa, ela acabará se espalhando pela escola, pelas amizades e pelos relacionamentos futuros.

Conectando os pontos para ela

Outra das minhas coisas favoritas para falar em seminários sobre parentalidade é a fórmula mágica da empatia e das perguntas: "Isso parece muito difícil. O que você quer fazer?"; "Estou vendo que o Monstro da Preocupação está tentando lhe atingir neste momento"; "O que o Monstro da Preocupação está lhe dizendo? Isso parece certo para você? Qual truque você acha que ele está tentando pregar em você?".

Resista ao impulso de ligar os pontos da preocupação para sua filha — para dizer a ela como a ansiedade a está afetando ou resolver a preocupação por ela. Se você ligar os pontos para ela, ela precisará que você continue fazendo isso. Lembre-se de que ela deseja ser independente. Você quer que ela aprenda habilidades de resolução de problemas. Você quer que ela aprenda a usar a parte pensante do cérebro, pois essa é a parte que pode derrotar o Monstro da Preocupação. Dizer a ela para parar de se preocupar não funciona. Ensiná-la a pensar por si mesma, sim. (Voltaremos a esse assunto nas próximas seções.) Quando a ansiedade atingir sua filha, faça perguntas e ofereça empatia em vez de ligar os pontos, e ela aprenderá a resolver problemas e terá confiança ao longo do caminho.

Armadilha de conteúdo

Outra maneira pela qual o Monstro da Preocupação tenta nos atrair envolve o conteúdo de suas preocupações. "Estou com medo de que o cachorro me morda!", ela pode gritar para você. A resposta mais natural do mundo é garantir a ela que o cachorro é legal, que nunca a morderia, e assim por diante. Então, quando as preocupações "acerte a toupeira" ressurgem em outro tópico, como sua segurança enquanto você faz compras, é tentador responder com: "Vou ficar bem. Nada vai acontecer comigo enquanto eu estiver longe de você". Tudo isso é chamado de armadilha do conteúdo. Nós atingimos a toupeira da mordida do cachorro e, em seguida, aparece a toupeira do acidente de trânsito. Depois, outra e mais outra em locais diferentes. (Espero sinceramente que você tenha jogado o jogo de fliperama Acerte a toupeira para saber do que estou falando.) O problema não é o cachorro, o acidente ou qualquer outro assunto ao qual a preocupação dela se apegue ao longo dos anos. O problema é a preocupação em si. E precisamos equipá-la com ferramentas para combater a preocupação diretamente.

Ferramentas para ela

Esperar a preocupação

Neste mundo, você terá problemas. (O capítulo 7 gira em torno dessa mesma ideia.) Mas quero enfatizar aqui que, como sua filha é propensa a se preocupar, uma das ferramentas mais importantes para ela é esperar que a preocupação apareça regularmente. Queremos que ela aprenda a esperar por isso, principalmente em certas situações.

Se ela sofre de ansiedade social, nas noites de domingo, ficará preocupada com o início das aulas na segunda-feira. Se ela tiver ansiedade de separação, ela se preocupará antes de você sair da cidade. Se ela tiver algum tipo de ansiedade, as noites podem ser difíceis quando sua mente não estiver ocupada de outra forma. Queremos que ela não apenas espere a preocupação, mas que esteja preparada com uma caixa cheia de ferramentas para derrotar o Monstro da Preocupação quando ele previsivelmente voltar. Sua filha tem certos momentos e certas situações que desencadeiam preocupação. Quanto mais ela se antecipar a esses gatilhos, mais rapidamente conseguirá capturar os pensamentos quando esses gatilhos forem acionados.

Nomear os pensamentos

Você já deve ter ouvido a frase: "O primeiro pensamento não é o pensamento certo". No mundo da recuperação em doze passos, ela se resume a "primeiro pensamento errado". Independentemente disso, a verdade por trás da frase definitivamente se encaixa na preocupação e na ansiedade. O primeiro pensamento é geralmente o pensamento ansioso, e ele vem rapidamente, como já dissemos antes. Queremos que as meninas que amamos aprendam a captar os pensamentos à medida que eles surgem, especialmente os ansiosos, e até mesmo dar-lhes um nome apropriado. A comunidade de recuperação também os chama de pensamentos malcheirosos. Poderíamos chamá-lo de sabedoria preocupada — embora não haja nada de sábio nisso.

Quais erros de pensamento sua filha está mais propensa a cometer? Queremos que ela reconheça a voz do Monstro da Preocupação e depois separe essa voz da sua própria. Dar um nome a ele é parte do que o separa dela, e sua voz da dela.

Você pode tornar isso divertido para ela. Ela não precisa chamá-lo de Monstro da Preocupação. Ela pode lhe dar outro nome. Se ela for adolescente, pode chamá-lo de algo que soe um pouco mais legal e mais juvenil. Estou trabalhando com uma menina agora que o chamou de Bob. Peça que ela dê a ele uma voz como a do Mickey Mouse ou do

Pato Donald. Ela pode fazer um desenho dele com uma cara boba ou um cabelo engraçado. É mais fácil combater o monstro fora de você do que dentro. Portanto, dar um nome a ele e aprender a reconhecer sua voz torna mais fácil combatê-lo. Isso o faz descer ao nível dela para que ela possa nivelá-lo com mais algumas ferramentas próprias.

Encontrar as evidências

Nos últimos dez anos, atendi meninas adolescentes falando sobre o desejo de serem investigadoras de cenas de crimes mais do que nunca. Mal sabem elas que Nancy Drew tem dominado esse mercado desde a década de 1930, inspirando gerações de aspirantes a detetives. Ainda que sua filha tenha seis ou dezesseis anos, ela poderá seguir os fios e encontrar as evidências — ou a falta delas — que refutam as alegações do Monstro da Preocupação. Ele joga com o medo em vez de jogar com os fatos; com a possibilidade em vez da probabilidade. Ele tenta convencê-la de que algo que aconteceu uma vez acontecerá sempre. Ele tem o número dela no que se refere a exageros e subestimações, bem como ao pensamento preto no branco que ainda é normal para a idade dela.

Portanto, queremos que ela procure evidências que não apenas o desmintam mas também provem sua própria coragem. Queremos que ela comece com o pensamento preocupado e descubra o seguinte:

- Qual é o resultado negativo que ela teme que aconteça?
- Quantas vezes o resultado negativo realmente aconteceu no passado?
- Quão ruim seria se esse resultado acontecesse? O que aconteceria depois? Quão ruim isso realmente seria? (Continue até que ela chegue ao final e veja que ainda estaria bem.)
- Quando ela foi corajosa recentemente?

- Quando foi que ela enfrentou o Monstro da Preocupação e fez a coisa com a qual estava preocupada?
- Que evidências comprovam a teoria do Monstro da Preocupação de que ela não consegue fazer isso?
- Que evidências comprovam a "Teoria da Coragem" de que ela *consegue* e é mais capaz do que imagina?

A Teoria da Coragem é onde queremos que ela aterrisse, que diz que ela é capaz e forte e que Deus já lhe deu tudo o que precisa. Ela pode fazer a coisa assustadora. Sabemos que as evidências provam isso e, à medida que ela for trabalhando com as ferramentas no próximo capítulo, também saberá. Mas, primeiro, queremos que ela faça um pouco do trabalho de CSI e encontre as evidências.

Na semana passada, encontrei-me com uma caloura do ensino médio que está fazendo um pequeno trabalho de detetive por conta própria. Ela sofre de ansiedade social. Sua ansiedade afetou sua maneira de pensar sobre o passado e o futuro. Ela acha que seus amigos decidirão que não gostam dela, como ela acredita que já aconteceu muitas vezes antes. Ela acha que não tem amigos, embora tenha muitos. Ela distorce as coisas contra si mesma e acredita que o pior resultado possível acontecerá inevitavelmente. Então, conversei com ela sobre o viés do observador — sobre como as pesquisas dizem que basicamente encontramos o que estamos procurando. Se ela estiver procurando evidências de que seus amigos não gostam dela, é isso que provavelmente encontrará. Qualquer olhar de lado de um amigo no corredor comprovará sua teoria... ou a do Monstro da Preocupação: que eles não estão interessados no que ela tem a dizer e nem mesmo em ser seus amigos. Se, no entanto, ela estiver procurando evidências que provem que eles gostam dela, então é isso que ela provavelmente encontrará.

Eu conheço bem essa garota. Sei que ela encontrará evidências de que seus amigos gostam dela, porque sei que eles gostam dela. Eu também gosto dela. No momento, ela só está usando suas habilidades de detetive para beneficiar o Monstro da Preocupação em vez de sua própria coragem. É hora de fazer algo diferente. E é hora de ser um pouco mandona no processo.

Voltar a ser chefe

As meninas podem ser especialistas em ser mandonas. Sua garota mais preocupada pode balançar o dedo e colocar a mão no quadril como ninguém ao dizer ao irmãozinho — ou até mesmo ao cachorro — como ele deve se comportar. Queremos que ela canalize seu lado mais mandão com o Monstro da Preocupação.

Normalmente, as meninas falam consigo mesmas de uma forma que exacerba o medo, especialmente quando a amígdala está no controle. *"Você não consegue fazer isso"; "Você é péssima nisso"; "Da última vez que você fez isso, você pareceu tão boba"; "Todos estão olhando"*. Essa voz crítica e autocrítica é tão natural para ela. A dra. Tamar Chansky a chama de "cérebro da preocupação"[4].

Os cientistas observaram que nossos cérebros ficam melhores em tudo o que praticam. Esse fenômeno é chamado de neuroplasticidade. Portanto, a essa altura, por mais velha que seja, ela provavelmente já domina a arte do cérebro preocupado. Em vez disso, queremos que ela desenvolva a maestria de usar o cérebro pensante para "mandar de volta" as preocupações.[5]

Comece acalmando o corpo dela o suficiente para que a amígdala não esteja mais no controle. Depois, quando ela estiver novamente usando o cérebro pensante, queremos envolvê-lo na luta contra suas preocupações.

"Monstro da Preocupação, você não manda em mim! Não estou mais lhe dando ouvidos!" E, então, ela pode se lembrar de todos os motivos pelos quais ele está completamente *errado*.

"Temos um sistema de alarme, então eu saberia se alguém tentasse invadir minha casa. Meus pais e a polícia também saberiam!", foi a mensagem de uma menina para seu Monstro da Preocupação em meu consultório recentemente. Às vezes, é preciso um pouco de prática, mas ser atrevida é muito divertido quando ela tem permissão para isso. Ela pode dizer isso com uma voz boba. Pode cantar em uma música de rap. Pode colocar a língua para fora e marchar em toda a casa enquanto diz isso. Mas queremos que ela use suas palavras e sua voz para mandar o Monstro da Preocupação embora. Queremos que ela use seu cérebro inteligente contra seu cérebro preocupado. Quanto mais ela usa a voz para mandar o Monstro da Preocupação para trás, mais ela, por sua vez, constrói essa voz, bem como sua confiança e a neuroplasticidade em seu cérebro forte e inteligente.

Tempo de preocupação

Uma ferramenta de TCC que ajuda a impor limites à ansiedade é chamada de *contenção*. Se você é fã da série *This Is Us*, talvez já tenha visto a contenção em ação. Lembra-se da cena em que Randall e Beth estão andando de carro e o assunto das preocupações vem à tona? Cada um deles diz uma frase sobre seus piores medos em relação às filhas, começando por Deja.

Randall: "Deja nunca dá a volta por cima e acaba na cadeia. Vai!".

Beth: "Ela pode matar nós dois enquanto dormimos. Vai!".

Randall: "Ela pode matar nós dois, mas não enquanto dormimos. Vai!".[6]

O vaivém continua por alguns minutos, mas depois eles terminam. Esse é todo o tempo e a energia que eles estão permitindo que a preocupação tenha. Eles contiveram a ansiedade.

Esperamos que seja um pouco diferente para sua filha (sem tipos de assassinato envolvidos). Mas a ideia é que você crie algum método para que ela contenha a ansiedade e a deixe de lado até uma determinada hora do dia. Ela pode ter uma "caixa da preocupação" ou um "pote da preocupação". Se for mais velha, pode colocá-lo em seu telefone. Basicamente, sempre que surge uma ideia que a preocupa, ela a contém até a "hora da preocupação". O tempo de preocupação é predeterminado e tem uma hora de início e uma hora de término; normalmente, dura no máximo quinze minutos. Se ela tiver perguntas ansiosas para você, não responda até a hora da preocupação. Você pode responder a qualquer um dos "e se" dela nesse momento. Ouça, ofereça empatia e lembre-a das ferramentas que ela pode usar para combater o Monstro da Preocupação.

Será difícil para sua filha esperar até a hora de se preocupar. Mas toda vez que ela espera, aprende que pode controlar suas preocupações. Ela é mais forte do que elas. E, muitas vezes, durante a espera, os pensamentos catastróficos ficarão um pouco menores e a probabilidade exagerada ficará um pouco menos provável. Ela voltará à razão e a si mesma. Você pode até mesmo aumentar o tempo de espera até a hora da preocupação, fazendo com que ela exercite esse músculo de controle. No entanto, não espere até a hora de dormir, porque falar sobre as preocupações dela nesse momento fará com que ela fique ruminando até dormir. Ou não dormir.

Sua voz

Nos mais de 25 anos em que venho aconselhando meninas, uma das partes mais importantes e sagradas do meu trabalho tem sido ajudá-las a encontrar sua voz. Nos dias de hoje, isso parece mais importante do que nunca. Como há inimigos externos e internos, inclusive o Monstro da Preocupação, ela precisa conhecer e aprender a usar sua voz. Ela precisa saber no que acredita e como expressar isso. Uma das coisas que dizemos na Daystar — e para crianças de todo o país — é uma citação de nosso amigo Dan Allender: "Você é sua única versão que este mundo conhecerá, e alguma coisa em sua vida tem o propósito de tornar algo sobre Deus conhecido de uma forma que ninguém mais pode". Ninguém saberá o *que* a garota que você ama pode trazer ao mundo até que ela aprenda a usar sua voz.

Faça com que ela pratique. Incentive-a a fortalecer sua voz, assim como os outros "músculos" sobre os quais falamos neste livro. Quando saírem para jantar, peça que ela faça o pedido por si mesma. Não peça o ketchup para ela; deixe que ela peça. Peça que ela ligue e faça o pedido da pizza de vez em quando. Conheço garotas em idade universitária que têm pavor de pegar o telefone e ligar para o Papa John's. Faça perguntas a ela. Peça a opinião dela sobre eventos atuais. Peça que ela diga o que pensa sobre um filme que vocês viram ou um sermão que ouviram antes de você compartilhar suas ideias. Ela precisa praticar para encontrar e usar sua voz. Mesmo que ela ainda não saiba, mesmo que não tenha uma resposta, o fato de você ter perguntado significa que você não apenas quer ouvir, mas também que valoriza quem ela é e o que ela tem a dizer.

Ferramentas para você

Falei em um evento ontem e senti que estraguei tudo. Tudo começou com um comentário feito por uma participante logo antes de eu começar minha palestra. Ela não falou por mal, mas trouxe à tona algo que parece ser um ponto particularmente vulnerável para mim. O problema é que isso não me atingiu na hora. Mas claramente me tirou do eixo. Eu só percebi muito mais tarde, quando os pensamentos em looping e meu próprio Monstro da Preocupação já haviam assumido o controle. Então, deixe-me contar a você o que aconteceu. Na verdade, deixe-me contar duas versões do que aconteceu: o que aconteceu na minha cabeça e o que teria acontecido do seu ponto de vista se você estivesse comigo.

Foi uma palestra chamada "Navigating the Relational World of Kids" [Navegando no mundo relacional das crianças, em tradução livre]. É uma palestra nova, o que significa que ainda não peguei o jeito. Sinto-me um pouco insegura se esse é o material *mais* útil que posso oferecer ao público, o que é, obviamente, o que eu quero. (Alerta perfeccionista — já estou me preparando.) Mas há muitas estratégias práticas para fazer, manter e ser um amigo. O que quaisquer pais querem, certo? Bem, não essa audiência — não do meu ponto de vista, pelo menos.

Comecei a falar sobre como, desde seus primeiros estágios, os meninos se comunicam para estabelecer uma posição. Eles jogam jogos de competição. Alguém ganha. Alguém perde. E, muitas vezes, alguém vai para a cadeia ou morre antes que tudo acabe (você sabe, policiais e ladrões e coisas do gênero). As meninas, por outro lado, se comunicam para se conectar. Elas jogam jogos de inclusão, em que todos têm um papel, coisas como casa e escola. Todos os homens na sala pareciam irritados. *Ops.* Comecei a entrar em pânico. Então, contei uma história pessoal que não costumo contar e que achei engraçada, de uma forma autodepreciativa.

Mas, em vez disso, eles pareciam sentir pena de mim. Todas as pessoas na sala, naquele momento, pareciam irritadas ou estavam sorrindo para mim como fariam com um aluno da quarta série que tivesse deixado cair suas anotações durante um discurso na sala de aula. Eu não conseguia terminar a palestra com rapidez suficiente. Então, no final, quando orei, acho que encerrei a oração duas vezes, balbuciando no fim: "Em nome de Jesus. Amém". Mas o que quase saiu de minha boca foi: "Em nome de Jesus. Adeus". Literalmente. Eu quase disse "Adeus" em vez de "Amém". Senti-me péssima durante todo o dia. Não conseguia tirar da cabeça e acordei no dia seguinte com isso ainda em minha mente — portanto, escrevi estes parágrafos.

Decidi que talvez eu realmente não goste de escrever livros, pois Deus parece continuar tentando me dar exemplos reais do que estou escrevendo no momento. O alarme de fumaça da amígdala já era suficiente. Mas pensamentos ansiosos, em looping e autocríticos *não são divertidos!* Eis o que percebi em meus pensamentos matinais, ainda não despertos: isso é exatamente o que acontece com sua filha preocupada.

Se você estivesse sentado comigo na sala, acredito que a situação teria sido assim. Aquelas pobres pessoas estavam ouvindo os palestrantes há três dias nessa conferência. Eu era a última em uma longa fila de grandes vozes e histórias engraçadas. Tenho uma personalidade um pouco mais discreta e gosto de me conectar com os rostos das pessoas na sala, não importando o tamanho dela. Eu estava em um local terrível no centro de conferências. Parecia uma sala de aula de Introdução à Psicologia, com uma iluminação horrível. Os participantes tinham acabado de voltar do almoço e estavam com a barriga cheia e o cérebro exausto, tenho certeza. Acho que eles estavam felizes por estarem sentados. Aqueles que estavam acordados me acompanharam desde o primeiro momento. É verdade que algumas pessoas talvez não estivessem tão emocionalmente envolvidas com aquele assunto específico. Não tem problema. É bastante normal que algumas pessoas se desliguem durante qualquer discurso. Outras pareciam um pouco descontentes quando falei sobre como qualquer um de nós ainda pode ter dificuldades inerentes ao fato de sermos adultos. Mas eu falo sobre isso em todas as palestras, porque acho que é algo que todos nós precisamos ouvir. E a gratidão pelo insight geralmente supera o desconforto da informação. Mas a maioria das pessoas na sala deu uma risada ou um sorriso. Várias fizeram perguntas no final. Várias outras se aproximaram e agradeceram. E, enquanto eu esperava o carro para me levar ao aeroporto, alguém se aproximou para perguntar como poderia nos levar à igreja deles para uma conferência de pais. Parece que foi um evento de sucesso. Mas eu não conseguia chegar lá em minha própria mente. Eu precisava de ajuda. Sua filha também precisa.

O Monstro da Preocupação está travando uma guerra séria na frente de batalha de sua mente. É debilitante (acredite em mim). E você também sabe bem como é isso. Você tem milhares de histórias como a que acabei de contar. É quase impossível sairmos sozinhos desses pensamentos críticos, preocupados e em looping. Ela precisa de sua ajuda.

Quando se trata de ferramentas para combater a ansiedade no corpo dela, você pode incentivá-la e lembrá-la, mas ela realmente precisa fazer isso por conta própria. Você não pode regular a amígdala dela. Mas pode ajudá-la a mudar seus pensamentos. Na verdade, quero que você esteja muito envolvido nos estágios iniciais do aprendizado das ferramentas sobre as quais acabamos de falar. Depois, quanto mais ela as colocar em prática, mais eu quero que você se afaste. Ela assumirá gradualmente a responsabilidade pelo processo. Mas, pelo menos no início, as ferramentas dela nesta seção também são suas.

A esta altura, você já sabe que ela terá dificuldades para se preocupar. Ela não sabe disso. Ela não se lembra. E, sem ajuda, isso a pegará de surpresa todas as vezes. Antecipe seus gatilhos. Ela também não sabe que outras crianças se preocupam. Ela acha que é a única que voltou para casa depois da conferência se sentindo mal consigo mesma. (Ops, fui eu.) Ela não é a única, mas será ainda mais dura consigo mesma acreditando que é. Ajude-a a entender que outras crianças também se preocupam. Ela certamente não está sozinha em sua batalha contra o Monstro da Preocupação. Você está com ela e está de olho na preocupação e em como isso afeta a mente dela.

Observe a preocupação

Frequentemente, converso com pais que falam sobre como suas filhas vão de zero a dez em segundos. Eles estão certos — como eu disse anteriormente, leva menos de um segundo para que os pensamentos de preocupação apareçam. Parece ainda mais rápido para ela do que para você. Mas há um ciclo específico que as preocupações dela seguem. Seus pensamentos afetam seus sentimentos, que afetam seus comportamentos. Queremos estudar e aprender esse ciclo para podermos ajudá-la a fazer o mesmo.

Como isso começa para sua filha? Talvez, no domingo à noite, você a esteja ajudando a escolher a roupa que vai usar na segunda-feira de manhã. Ela não gosta da sua primeira escolha e, de repente, entra em um colapso total. Quando isso acontece, você geralmente é a primeira vítima. Ela fica cada vez maior, tanto em volume quanto em intensidade. Ela menciona todas as coisas que deram "errado" na última semana — muitas delas foram coisas que você fez porque é a "pior mãe" ou o "pior pai". Ela pula de um assunto para outro, tentando pensar em qualquer coisa que o atraia para a briga. Ela se torna alguém que está se afogando, tentando se agarrar a você para salvá-la, mas acaba te derrubando no processo.

Algo aconteceu para desencadear seu ciclo de preocupação. Ela precisa que você a ajude a descobrir o quê. Dê um passo para trás e pergunte a si mesmo o que está acontecendo. Ela não está em seu cérebro pensante. Por que não está? Com o que ela poderia estar preocupada? Peça que ela respire e faça seus exercícios de atenção plena. Faça com que ela se mova, se não conseguir se afastar de seus pensamentos preocupados. Distraia-a com uma pergunta. "Adivinhe quem eu encontrei hoje?" Ela terá que pensar em sua pergunta, e não nas preocupações dela. Na TCC, isso se chama mudar o canal. Depois, quando ela estiver calma, volte e converse com ela. "Acho que aquela velha preocupação pegou você hoje." Faça perguntas sobre o que ela acha que aconteceu. Não dê sermões. Ela pode ignorar seu sermão, mas não suas perguntas. Ajude-a a expressar suas emoções em palavras.

Molly, nossa terapeuta artística da Daystar, faz com que as crianças desenhem vulcões. Ela pede que elas escrevam os pensamentos e sentimentos que têm à medida que suas emoções aumentam dentro do vulcão até o ponto em que ele entra em erupção. "Acontece uma situação nova e assustadora... Eu me sinto frustrado... Fico fora de controle." E, em seguida, na parte externa do vulcão, as coisas que os ajudam a se acalmar, como a respiração compassada (quando a situação assustadora acontece) e o controle do Monstro da Preocupação (quando se sentem frustrados). Em seguida, eles escrevem a consequência no topo (quando ficam fora de controle e o vulcão explode). Você já entendeu a ideia. Desenhe um vulcão com sua filha. Desenhe um para você. Ajude-a a ver no papel a progressão de suas próprias preocupações. Pode ser que uma erupção para ela envolva mais lágrimas do que raiva. Mas, de qualquer forma, ela precisa entender o ciclo de suas preocupações. Precisa ser capaz de rastrear como seus pensamentos afetam seus sentimentos, que afetam seu comportamento.

Eu sugeriria que você mantivesse um diário de preocupações para sua filha. No livro de atividades *Braver, Stronger, Smarter: a Girl's Guide to Overcoming Worry*, também peço às meninas que mantenham esse diário. Assim, quando ela estiver particularmente preocupada, pode escrever sobre isso. Com o que ela estava preocupada? Em uma escala de 1 a 10, quão significativa parecia ser a preocupação? Que pensamentos e sentimentos ela estava comunicando? Como isso afetou seu comportamento? O que a ajudou a se acalmar? Ao começar a monitorar as preocupações dela, você perceberá tanto o que a deixa mais preocupada quanto o que a ajuda. Você estará mais bem preparado para ajudá-la e, por fim, dará a ela ainda mais controle sobre sua luta. Até que você consiga entender a progressão da preocupação dela, ela terá vantagem sobre vocês dois.

Observe sua resposta

Quando a ansiedade toma conta da mente de sua filha, isso é enlouquecedor para vocês dois. Você quer conversar com ela. Você quer confortá-la. E ela vem para cima de você com um soco. Ou ela vem até você com perguntas intermináveis. Ou com uma sensação de sobrecarga que você simplesmente não consegue fazer desaparecer. Nesses momentos, sua resposta é importante. Ela precisa de algumas coisas em especial de você:

Ela precisa de calor. Estudos mostram que as crianças que sofrem de ansiedade têm pais que têm dificuldade em oferecer calor humano. Eles não são tão afetuosos, não sorriem com tanta frequência e têm o que os conselheiros chamariam de afeto plano ou negativo, de acordo com Chansky.[8] Eu entendo. Encontro esses mesmos pais em meu escritório regularmente. Eles não são frios; estão cansados e frustrados. Provavelmente você também está. Mas ela ainda precisa de seu calor. De acordo com a pesquisa de Daniel Siegel, a sintonia é um dos melhores indicadores de autorregulação em crianças.[9] A sintonia é uma combinação de calor e compreensão. Essas duas características não apenas a ajudam a acalmar o vulcão, mas também a lembram de que ela está segura e é amada em meio ao vulcão. Ela quer agradá-lo, mesmo quando o vulcão dela está em erupção. Quando ela sentir que não está agradando, ao observar sua resposta ou sua expressão, ficará ainda mais ansiosa.

Ela precisa de compreensão. As preocupações dela serão frustrantes para vocês dois. Mas elas são reais. Ela está preocupada. Quanto maior a erupção emocional, maior a preocupação. Ela precisa que você a leve a sério, mas não as preocupações dela. "É a sua preocupação falando ou você?"; "Isso me parece o Monstro da Preocupação. Quero ouvir sua voz, e não a dele." Ela precisa que você ouça as preocupações dela com carinho. Ela precisa que você ofereça compaixão e empatia. Ela precisa que você faça o possível para entender como as preocupações dela a estão afetando — e não com o único objetivo de consertá-las. Com o propósito de sintonização, para que ela possa aprender a se autorregular. Lembra-se do que acontece se for você quem as conserta? Você precisará consertá-las novamente. E ela nunca aprenderá as ferramentas sozinha.

Ela precisa de perspectiva. Cânticos 2:15 diz: "Apanhem para nós as raposas, as raposinhas que estragam as vinhas, pois as nossas vinhas estão floridas". Na Bíblia, as vinhas simbolizam a alegria. Melissa ensinou sobre as raposinhas anos atrás em Hopetown. Desde então, isso se tornou parte do vocabulário de nossa equipe. "Essa foi uma raposinha" é a nossa maneira de dizer que há alguma coisinha irritante que está parecendo maior do que deveria no momento. Todos nós temos raposinhas, e é útil chamá-las pelo nome. A preocupação é definitivamente uma raposa pequena que parece uma raposa GRANDE para sua filha. Ela precisa de ajuda para colocar essa preocupação em perspectiva. Você pode usar a analogia da raposa ou usar palavras como "preocupação pequena", "preocupação média" ou "preocupação gigante" para ajudá-la a descrever o quanto uma situação a está afetando naquele momento. O Monstro da Preocupação é um mágico em ampliar pensamentos e sentimentos, e isso a ajudará imensamente quando você lhe ensinar a arte da perspectiva.

Ela precisa de confiança. Não importa onde sua filha esteja neste momento — no andar de cima dormindo, sentada na sala de aula, passando a noite na casa dos avós; não importa se ela tem cinco ou quinze anos; não importa onde ela esteja no espectro da preocupação — uma das coisas mais importantes para ela é encontrar sua voz. Ela não conseguirá fazer isso sem você. Faça perguntas a ela. Peça a opinião dela. Demonstre confiança em quem ela é e em quem está se tornando. Dê a ela responsabilidades em casa (sim, até mesmo tarefas domésticas). Quando você lhe dá responsabilidades, está lembrando-a de que ela é capaz de cumprir essas responsabilidades. Ela *é* capaz. As tarefas são, na verdade, fortalecedoras para as crianças! Ajude-a a encontrar seu caminho para o propósito também. Quando ela se doa, experimenta não apenas uma sensação de satisfação mas também de confiança. A confiança e a ansiedade são antitéticas uma da outra. Agora, não confunda confiança com arrogância. Conheço muitas garotas arrogantes e mimadas que, na verdade, se sentem mais ansiosas porque são maiores do que precisam ser. Mas a confiança ajuda-a a se sentir fortalecida e mais segura de si mesma. Quando ela estiver confiante na segurança de seu relacionamento caloroso e compreensivo, ela se sentirá mais pronta para enfrentar o Monstro da Preocupação e tudo o que ele lhe trouxer.

Ajude-a a praticar

Cada uma dessas ferramentas para sua filha será como um músculo. Ela precisará praticar o desenvolvimento desse músculo, como faria com qualquer outro. Falaremos mais sobre isso no próximo capítulo, mas é normal que ela se sinta desconfortável. Na verdade, vou lhe dizer para deixá-la se sentir um pouco desconfortável de propósito — uma versão leve e esperta do desconforto. Ela precisa aprender a lidar com as preocupações. Ela tem de praticar a busca por evidências e a expulsão do Monstro da Preocupação. Continue praticando com ela. Torne isso divertido. Interprete o papel — brinque com ela e com suas preocupações usando vozes bobas, bonecas ou bichos de pelúcia. Ao fazer isso, não se esqueça de usar autoafirmações positivas. Na verdade, certifique-se de que está sendo um modelo nesse sentido em sua própria vida. Ela precisará praticar em meio a sentimentos de insegurança e desconforto. Precisará observar você fazer o mesmo. A vida e o Monstro da Preocupação vão lhe causar muita insegurança e desconforto.

> Pois, embora vivamos como homens, não lutamos segundo os padrões humanos. As armas com as quais lutamos não são humanas; pelo contrário, são poderosas em Deus para destruir fortalezas. Destruímos argumentos e toda pretensão que se levanta contra o conhecimento de Deus, e levamos cativo todo pensamento, para torná-lo obediente a Cristo. — 2Coríntios 10:3-5

O inimigo, quer o chamemos de Monstro da Preocupação ou Satanás, vai atacá-la com muitos momentos inseguros e imprevisíveis, bem como com muitos argumentos, a maioria deles direcionados aos seus pensamentos. Com a ajuda de Deus, ela pode derrubar todos os argumentos que ele apresentar contra o conhecimento dele — e o conhecimento de quem ela é em Cristo.

Ao vê-la lutar contra o Monstro da Preocupação, deixe que ela seja a especialista. Você começa o processo ensinando a ela as ferramentas. Mas, à medida que ela as coloca em prática, deixe que ela te ensine o que está aprendendo. Sente-se com ela em algum momento do dia e deixe que te diga quando se sentiu corajosa ou como deu um passo contra o Monstro da Preocupação. Qualquer passo é um progresso nessa luta. Qualquer passo é um passo em direção à sua confiança, ao seu empoderamento e à sua libertação das preocupações. Ela pode fazer isso. Deus terá a última palavra e usará sua voz corajosa, forte e inteligente para fazer isso.

Pontos-chave a serem lembrados

O primeiro lugar que o Monstro da Preocupação ataca é o corpo. O segundo é sua mente.

Quanto mais aprendemos sobre o Monstro da Preocupação, mais fraco ele fica. Quanto mais o ouvimos, mais forte ele fica.

Ele tem várias táticas que usa com frequência em seus ataques à mente de sua filha: probabilidade exagerada, pensamento catastrófico, capacidade subestimada, memória defeituosa e perguntas perpétuas.

A preocupação não tem memória e presume o pior... sobre a situação e sobre ela.

Estabeleça um limite para as perguntas dela. Ela terá que desacelerar e refletir, e o pânico terá tempo para passar.

A ansiedade geralmente se manifesta como raiva nas meninas. E sua filha descarrega a raiva dela em você. Quando ela se permite ser a pior versão de si mesma, é isso que ela acredita ser.

Sua filha precisa de ajuda para praticar a solução de problemas e experimentar a independência. Perguntas e empatia ajudam.

A armadilha do conteúdo é quando caímos no engano de responder aos detalhes da preocupação dela, em vez de responder à preocupação em si. Esse é um dos maiores truques do Monstro da Preocupação contra você.

Quanto mais sua filha aprender a reconhecer o que desencadeia a preocupação, mais rapidamente ela poderá interromper os pensamentos de preocupação.

Ela precisa nomear seu Monstro da Preocupação para tirar o poder dele.

Ela precisa de sua ajuda para aprender a captar os pensamentos, encontrar as evidências e, então, mandar o Monstro da Preocupação embora quando os pensamentos de preocupação surgirem.

Para que suas preocupações voltem a ser dominadas, é necessário ensinar seu cérebro pensante a dominar o cérebro preocupado.

Criar um tempo de preocupação faz com que ela aprenda a conter a ansiedade, ensina que ela realmente pode controlá-la e, muitas vezes, dá tempo para que ela diminua por conta própria.

Sua voz é um de seus recursos mais importantes na guerra contra o Monstro da Preocupação e na vida. Ela precisa de sua ajuda para usá-la e valorizá-la quando o fizer.

Toda preocupação tem um ciclo. Sua filha precisa que você seja seu aluno e que a acompanhe nesse processo com compreensão, carinho, perspectiva e confiança. Ela também precisa de prática.

Entendendo melhor você e sua filha

- Como você viu o Monstro da Preocupação tentar ser mais esperto do que sua filha? Como ele tentou ser mais esperto do que você?
- Sua filha se inclina para a probabilidade exagerada ou para o pensamento catastrófico? Quando foi que você viu um ou outro recentemente? Para qual você se inclina?
- Como você vê sua filha subestimando a capacidade dela?
- Quando foi a vez em que você viu sua filha dar um passo positivo na guerra contra a preocupação que você poderia lembrar a ela?
- Sua filha fica com raiva quando se preocupa? Como você lidou com o comportamento dela no passado? Como você poderia lidar com isso de forma diferente no futuro?
- Como você pode parar de ligar os pontos para sua filha e ajudá-la a aprender mais habilidades de resolução de problemas?
- Em que armadilha de conteúdo sua filha caiu? Como você pode mudar o roteiro ao responder?
- Pratique a busca de evidências com uma situação preocupante em sua vida agora mesmo. Que evidências comprovam a teoria do Monstro da Preocupação? Que evidências comprovam a Teoria da Coragem?
- Pratique como mandar no Monstro da Preocupação dela. Encontre uma situação em que você possa encenar isso. Como você se sentiu com o resultado? E quanto a ela?
- Faça um brainstorming com ela sobre o tempo de preocupação. Onde ela poderia armazenar suas preocupações? Quando ela gostaria que fosse esse momento? Como ela acha que ter um momento de preocupação pode ajudar?

- Como você pode ajudar sua filha a desenvolver sua própria voz hoje?
- Qual é o ciclo de preocupação de sua filha? Qual é o seu?
- Como você normalmente responde às preocupações dela? Como você poderia reagir de forma diferente?
- Como você pode ajudá-la a praticar esta semana?

CAPÍTULO 6
AJUDANDO SEU CORAÇÃO

O primeiro lugar em que o Monstro da Preocupação virá atrás de sua filha é o corpo dela.

O segundo é sua mente.

O terceiro é seu coração e as escolhas que ela faz com base nele.

Ele quer desencorajá-la. Ele quer que ela se sinta incapaz. E uma das melhores maneiras de realizar seu plano é fazê-la acreditar que não pode _____ [preencha o espaço em branco]. Como diz a psicóloga clínica Dawn Huebner, o Monstro da Preocupação é um gênio em fazer com que "as coisas fáceis pareçam difíceis e as difíceis, impossíveis".[1] A genialidade dele está enraizada no medo, no perfeccionismo e na insegurança de sua filha. Ele também é um mestre da sabotagem.

Ele fará com que ela perca um dia de aula porque seu estômago está doendo em uma segunda-feira de manhã. Então, ela se sentirá um pouco estranha em voltar no dia seguinte, mas o fará, com muita persuasão de sua parte. Na noite do domingo seguinte, ela sente náuseas novamente e, por isso, não vai na segunda-feira. Quando ela não vai à escola por três segundas-feiras seguidas, não há como ir à excursão da próxima semana. Ela começa a se preocupar com a festa de aniversário na sexta-feira à noite, já que se sente fora do circuito dos amigos por ter perdido a excursão. A cada manhã, fica cada vez mais difícil tirá-la do carro na escola. Não funciona mais pedir ao orientador escolar que a acompanhe. Logo, você se vê pensando em estudar em casa, e ela se vê desconectada, desencorajada e desanimada. Ela fica com raiva de si mesma e de você sempre que tenta forçá-la a fazer alguma coisa.

O que você faz?

Se fosse seu próprio medo, você provavelmente superaria. Mas, com ela, você teme que a faça se sentir pior. Quando você era mais jovem e estava ansioso, sua mãe o obrigava a superar. Foi horrível. Você quer muito que sua filha se sinta compreendida e segura. Então, talvez se ela fizer uma pequena pausa...

O problema é que você também quer que sua filha participe de excursões escolares. Quer que ela saiba fazer coisas como pedir sua própria refeição em um restaurante. Você quer que ela tenha a experiência de ficar longe de casa e ir para um acampamento de verão. Você sabe que ela realmente precisa estar com outras crianças. Ela está passando mais tempo escondida no quarto ou atrás de você. E, embora seja bom passar o tempo com ela, algo dentro de você continua dizendo que as coisas estão piorando.

A evitação fortalece a ansiedade. Parece difícil, eu sei. Mas acredito de todo o coração que é verdade, o que significa que ela terá de fazer a coisa assustadora. Quando você faz com que todas as coisas assustadoras desapareçam para ela, isso envia uma mensagem de que ela não consegue lidar com elas. O resgate comunica que ela precisa ser resgatada. Que os problemas são grandes demais e que ela é pequena demais, o que é o oposto do que você quer que ela ouça.

Eis o que quero que sua filha ouça: *Você vai se sentir desconfortável às vezes. Você vai se preocupar. Você vai se sentir estranha e vai ter medo. Todo mundo sente essas coisas todos os dias. Até mesmo as garotas que parecem confiantes e seguras. Como diz minha amiga Melissa, a coragem existe na presença do medo, não na ausência dele. Você é mais forte do que suas preocupações. Você é inteligente o suficiente para resolver qualquer problema que a vida lhe apresente. E você é corajosa o suficiente para fazer mais do que pode imaginar.*

É disso que este capítulo trata: não apenas de ensiná-la mas também de permitir que ela experimente como é vencer suas coisas assustadoras em doses pequenas e controláveis. Mas, primeiro, vamos falar sobre os truques que o Monstro da Preocupação tentará usar para impedi-la. E você.

Os truques do Monstro da Preocupação para ela

Há vários anos, uma mãe me contou sobre a ocasião em que ela e o marido surpreenderam os filhos com uma viagem à Disney. Seus filhos fizeram barulho quando ouviram a notícia. Sua filha não ficou tão entusiasmada. Deixe-me esclarecer: a filha deles, que tinha dificuldades com preocupações, não ficou tão alegre. Quando a mãe e o pai a encontraram na escola com malas prontas, um par de orelhas do Mickey Mouse e uma pulseira digital, ela começou a chorar. "O quê? Disney? Não podemos ir para a Disney! *Eu não sabia e não estou pronta!*" E então ela continuou explicando sua lógica. "Eu não tive a chance de me despedir dos meus bichinhos de pelúcia, e eles ficarão muito preocupados quando eu não voltar da escola hoje! Não tem como eu ir para a Disney!"

Em primeiro lugar, adoro o coração compassivo dela com seus bichinhos de pelúcia. No entanto, seu desejo de previsibilidade — sua exigência de previsibilidade — teria feito com que ela perdesse uma aventura memorável com a família. Ela teria perdido, isto é, se seus pais tivessem caído em um dos principais truques do Monstro da Preocupação para ela...

Previsibilidade

As transições são difíceis para crianças que tendem a se preocupar — transições de qualquer tipo. Se uma criança vem de um lar divorciado, a transição da mãe para o pai pode ser difícil e perturbadora do ponto de vista emocional. No entanto, para uma criança com ansiedade, até mesmo a transição da lição de casa para a hora do banho pode ser difícil. Ela anseia por previsibilidade porque se sente segura. E ela sempre tem um plano, quer você saiba disso ou não. Ela tem uma ideia de como acha que as coisas vão acontecer e quando. Quando você interrompe o plano dela para pedir-lhe que leve o lixo para fora ou se prepare para dormir, a preocupação dela é acionada. E como esses momentos de transição geralmente estão ligados a algo que você pediu que ela fizesse, a reação dela pode parecer mais uma desobediência do que ansiedade. Ela se desfaz em lágrimas ou em uma explosão de raiva, ou se recusa terminantemente.

Estou trabalhando com uma menina do ensino fundamental que se mete em problemas na escola quase todos os dias por ser "desobediente" ao professor. Quando a professora lhe diz para parar de estudar, seja para o almoço ou para o recreio, ela continua escrevendo. Quando conversamos sobre isso em minha sala, ela me disse que quer ter certeza de que acertará todas as respostas. Ela não quer largar o lápis até que tenha terminado completamente a folha de exercícios. Isso não me parece desobediência. Parece muito mais uma preocupação em forma de perfeccionismo. E sua professora não está entendendo o que ela quer dizer quando considera isso um desafio — e só piora a ansiedade.

Sua filha preocupada anseia por previsibilidade. Ela quer trabalhar dentro do sistema do que espera e do plano que a faz se sentir segura. Para ser ainda mais precisa, é o Monstro da Preocupação que anseia por previsibilidade. Quanto mais você ceder às exigências de previsibilidade dele, mais a sua filha e toda a sua família acabarão vivendo de acordo com essas exigências restritivas. Não queremos seguir as regras dele.

Conforto

De acordo com os pesquisadores, a principal diferença entre o transtorno de ansiedade generalizada (TAG) e o transtorno obsessivo-compulsivo (TOC) é a presença de compulsões ou comportamentos ritualizados.[2] As pessoas que sofrem de TAG e as que sofrem de TOC têm pensamentos em looping semelhantes. Ambos podem se tornar bastante obsessivos. Mas os indivíduos que sofrem de TOC desenvolvem rituais para se sentirem melhor.

Se eu lavar minhas mãos várias vezes, não ficarei doente.

Se eu trancar e trancar novamente minhas portas duas vezes, ninguém conseguirá entrar.

Se eu disser as mesmas coisas na mesma ordem na hora de dormir, os monstros não sairão de baixo da minha cama para me pegar.

Os rituais também são conhecidos como comportamentos de segurança. Agora, toda criança ou adulto que se envolve com comportamentos de segurança não está necessariamente lidando com TOC. A ansiedade ainda pode ser uma ansiedade verdadeira e ter sintomas semelhantes aos do TOC. Mas o objetivo ainda é o mesmo: conforto. Sua filha quer que você diga "eu te amo" três vezes antes de sair do carro e entrar na escola. Isso lhe traz conforto em meio a seus pensamentos temerosos e repetitivos. Ela também acha que, de alguma forma, há uma ligação entre esse comportamento e sua segurança. Na mente dela, você magicamente não morrerá se disser a frase três vezes. Se você não disser nada ou disser apenas duas vezes, não há como prever o que pode acontecer.

No ano passado, eu estava jantando com um amigo e vi um casal cuja filha eu estava aconselhando. Eles me disseram que a haviam deixado em casa, para desespero dela. A filha deles tinha treze anos, idade suficiente para ficar sozinha em casa por algumas horas à noite, mas ela já havia mandado dezessete mensagens para a mãe nos dez minutos em que estavam no restaurante. Ouço histórias semelhantes em meu consultório constantemente. Os pais falam sobre passeios na vizinhança e recebem mensagens de texto em pânico o tempo todo de seus filhos em casa. O uso da tecnologia pode ser um comportamento de segurança para seu filho, assim como os rituais que ele cria para trazer conforto.

O problema com os rituais é que eles fortalecem a preocupação mais do que fortalecem seu filho. Eles dão a ela a previsibilidade e o conforto que ela deseja. E a levam a uma necessidade ainda maior de controle.

Controle

As crianças ansiosas são algumas das crianças mais controladoras que aconselho. Não é que elas necessariamente queiram ser assim. O que acontece é que assumir o controle "resolve" o problema, pelo menos temporariamente. Elas criam rituais e estabelecem sistemas que as fazem se sentir seguras, mas a desvantagem surge quando esses rituais são interrompidos. Você provavelmente vê isso em sua própria casa. Embora isso possa acrescentar algum tempo extra à sua noite, é muito mais fácil seguir a rotina exigida de beijos e comentários na hora de dormir do que administrar suas erupções emocionais vulcânicas. Nós abdicamos para mantê-la feliz ou nossa casa pacífica ou, às vezes, porque simplesmente não sabemos que é um problema.

Ontem conversei com uma garota adorável que sofre de ansiedade. Ela é gentil e receptiva e tem as maneiras mais próximas da perfeição do que qualquer outro aluno da quarta série que já conheci. Ela é inteligente, capaz e é um prazer estar com ela. Mas sua necessidade de controle está tomando conta de sua vida e da vida dos membros de sua família — ou, pelo menos, da vida de seus irmãos.

Conheço seus pais desde que ela era pequena, quando eles notaram um comportamento preocupante. Aos três anos, ela se preocupava tanto em arrumar a cama de manhã que acordava no meio da noite, alisava os lençóis e arrumava os travesseiros até que ficassem bem arrumados e depois voltava a dormir em cima do edredom. Vários anos e três irmãos depois, seu desejo de controle ficou ainda mais forte. E esses irmãos são um grande obstáculo para ela, principalmente o mais novo. Na verdade, ele gosta de ser um obstáculo para ela. Faz com que a família se atrase para a escola quase todos os dias porque não quer parar de brincar ou porque já sujou a roupa e precisa se trocar. Você pode imaginar como essa menina fica ao se atrasar para a escola. *Ódio* não é uma palavra forte o suficiente. Recentemente, ela começou a escolher as roupas dele e a colocá-las para ele na noite anterior. Ela me disse ontem que, quando seus irmãos fazem bagunça, tem que limpar, porque não se sente "bem" até que tudo esteja certo novamente. O problema é que, com quatro filhos na família, as coisas provavelmente não ficarão bem nos próximos quinze anos.

Um dos principais componentes da ansiedade é a necessidade de assumir o controle.[3] As pessoas que sofrem de ansiedade realmente acreditam que estar no controle é a resposta. Isso resolve o problema — quer dizer, até que o próximo comportamento de segurança seja necessário.

Logo, *sua filha aprende a confiar mais nos comportamentos de segurança do que em si mesma*. A necessidade de controle dela se torna problemática, pois, em vez de ela aprender a controlar a ansiedade, a ansiedade a controla. Até que ela aprenda a reconhecer o Monstro da Preocupação e as mentiras que ele está lhe contando, ela será forçada a obedecer às exigências dele. Ela terá que se esforçar cada vez mais para limpar a sujeira do irmão. Ela terá de lavar as mãos com mais frequência na escola. Ou verificar se as portas estão trancadas mais uma vez antes de ir para a cama. Ela não aprenderá a ser flexível. Ela dependerá de seus comportamentos de segurança para manter o controle. E ela só se sentirá confortável quando estiver totalmente no controle, e sabemos, como adultos, que a vida real não é assim com frequência.

Perguntas

As garotas que se preocupam geralmente têm um suprimento infinito de perguntas prontas.

- "E se meu amigo não estiver lá?"
- "O que vamos fazer agora?"
- "E se eles rirem de mim?"
- "E se eu não conseguir fazer isso?"
- "Vou ter que andar de ônibus amanhã?"

Recentemente, conversei com uma família que me contou que todas as noites, antes de dormir, sua filha pergunta se terá de andar de ônibus amanhã. Ela anda de ônibus todos os dias há quatro anos. Na verdade, a pergunta se tornou um comportamento de segurança para ela. E a resposta afirmativa de seus pais se tornou parte de sua rotina. Parece inofensivo, certo? Mas a verdade é que as perguntas só aumentam sua preocupação. As respostas são muito parecidas com as garantias de uma pessoa preocupada; ela só precisa de mais respostas. Nunca são suficientes. Ou a resposta parece nunca se sustentar. Em vez de cairmos na armadilha do conteúdo e respondermos, ela precisa que devolvamos as perguntas.

- "É a sua preocupação falando ou você?"
- "Como você chegou à escola todos os dias este ano? O que você quer dizer de volta ao seu Monstro da Preocupação?"

- "Como você derrotou o Monstro da Preocupação da última vez que ele tentou atacar você com os "e se"?

Ela precisa conectar os pontos e controlar as preocupações. Queremos ouvir sua voz forte mais do que a nossa, e certamente mais do que a voz de seu Monstro da Preocupação.

Evitação

Em meu escritório, se há uma armadilha principal em que vejo as famílias caírem, é a da evasão. As meninas exigem e os pais obedecem. E o Monstro da Preocupação vence duas vezes.

Esta semana, recebi um casal em meu escritório que disse: "Simplesmente não sabemos o quanto forçar". Eu entendo. Os pais não querem fazer com que suas filhas ansiosas se sintam mal. Você não quer criar mais ansiedade do que já existe. Ela certamente não está dizendo: "Mamãe e papai, estou com medo, mas sei que isso é bom para mim". Sua amígdala está à solta e ela está em um colapso total, furioso e choroso. Às vezes, você está cansado demais para lutar.

O que era importante para sua filha, mas ela evitou? Como ela se sentiu em relação a isso depois?

Trabalhei com uma garota durante anos cujo principal gatilho era ficar longe de casa. Ela tinha pavor de viagens de campo noturnas e retiros da igreja. Sua única exceção era nosso acampamento de verão, porque, como ela disse, era "o único lugar que me sinto segura ao sair de casa". Até que não era mais.

Como a ansiedade se transformou em uma epidemia infantil nos últimos anos, ainda estamos aprendendo o que ajuda mais na terapêutica. Admito que, ao longo dos anos, eu mesmo caí em muitos dos truques do

Monstro da Preocupação. Persuadi essa garota a fazer viagens. Entrei na armadilha do conteúdo e falei sobre como ela tinha amigos próximos que estavam indo e como as viagens seriam divertidas. Eu a tranquilizava. De vez em quando, ela ia — mas, na maioria das vezes, cedia ao Monstro da Preocupação e ficava em casa. Sempre que ela fazia isso, a voz dele ficava mais alta. Quando ela finalmente decidiu que não poderia mais ir ao acampamento de verão, pensei: *Tudo bem, ela perderá o acampamento um ano e se arrependerá de sua escolha. Ela verá fotos de seus amigos se divertindo e não perderá o acampamento novamente.* O problema é que ela se arrependeu. E ficou triste por ter perdido a diversão e até sentiu um pouco de vergonha por não poder passar uma semana longe da mãe e do pai quando era adolescente. Mas ela nunca mais voltou ao acampamento. A ansiedade não tem memória, lembra? Portanto, acreditar que ela aprenderia com esse erro era apenas eu caindo na armadilha da evitação também. Ela se arrependeu de ter ficado em casa, e *a segurança que sentiu foi mais forte do que seu arrependimento*. O Monstro da Preocupação apenas flexionou ainda mais seus músculos.

 Aquela garota precisava fazer a coisa assustadora. E sua filha também precisa. Evitar não apenas reforça a ansiedade, mas faz com que ela se sinta pior consigo mesma ao longo do caminho. Bridget Flynn Walker diz: "A evitação [...] reforça o medo de seu filho e, na verdade, faz com que ele cresça e se espalhe". Ela continua citando o psicólogo Michael Tompkins, que descreve "a redução da evitação como a principal maneira de vencer todo medo e ansiedade".[4] Sua filha precisa ser empurrada, não para muito longe, mas além da previsibilidade, do conforto e do controle que o Monstro da Preocupação promete que a manterá segura. Ela aprenderá a lutar contra a ansiedade e se sentirá melhor consigo mesma toda vez que superar a evitação e der um passo à frente com coragem.

Os truques do Monstro da Preocupação para você

Acomodação

"Acho que a envolvi com bolhas de ar desde que ela era pequena." A sábia mãe sentada em meu escritório assumiu sua parte na evasão da filha. A mãe estava se acomodando, salvando-a de enfrentar determinadas situações.

Resgatar sua filha limita a probabilidade de ela aprender, explicam os autores de *O cérebro que diz sim: como criar filhos corajosos, curiosos e resilientes*.[5] Quando você faz adaptações para ela, permitindo que ela evite determinadas situações, você incentiva mais a dependência do que a independência. A independência faz com que ela se sinta bem consigo mesma. A dependência faz com que ela se sinta insegura.

"Oi, eu sou a Sissy. Estou muito feliz por você estar aqui. Deixe-me mostrar-lhe a casa e depois quero que suba e conheça minha cadelinha, Lucy."

Isso é o que eu digo a todas as crianças que chegam para uma avaliação na Daystar. Geralmente, o calor e o aconchego da casa da Daystar já as deixam à vontade. Quando eu sorrio, elas geralmente sorriem de volta. Quando menciono a Lucy, o jogo acaba. Nove em cada dez crianças sobem as escadas comigo, uma estranha, sem olhar para trás por cima do ombro para seus pais. Uma em cada dez é normalmente a criança pequena com ansiedade que está sofrendo especificamente com a separação dos pais.

Recentemente, uma menina de oito anos veio à Daystar por esse motivo. Eu esperava que ela estivesse ansiosa, com base nas anotações do telefonema inicial de sua mãe. No entanto, quando a conheci, seu sorriso era largo e ela se levantou da cadeira para me seguir. A mãe, antes que ela se afastasse, segurou seu pulso. "Você se sente confortável com isso?", perguntou ela. Imediatamente, o rosto da menina se abateu. Sinceramente, ela estava bem até a mãe fazer essa pergunta. A mãe dela nos seguiu escada acima e se sentou na frente da minha porta, em vez de ficar na sala de espera do andar de baixo. Ela perguntou à filha se ela estava confortável mais quatro vezes nos cinquenta minutos que passamos juntas para a avaliação. Estava sendo complacente.

Outras acomodações podem incluir pedir à escola determinados tipos de ajuda ou pressionar os líderes do acampamento para que deixem a filha ligar para casa todas as noites antes de dormir — apesar da regra de não ligar estabelecida no acampamento, porque eles aprenderam que as crianças sentem mais saudades de casa quando ligam para seus pais. (Dá para perceber que eu já passei por isso antes?) As pesquisas dizem que, quanto mais os pais acomodam uma criança ansiosa, mais significativos serão seus sintomas.

"A acomodação dos pais", escreve Walker, "é um fenômeno amplamente estudado e bem documentado em famílias com crianças que sofrem de transtornos de ansiedade e, quanto maior o nível de acomodação dos pais, pior tende a ser o resultado do tratamento".[6] Em outras palavras, quando você acomoda a ansiedade de seu filho, você dá mais poder ao Monstro da Preocupação e tira o poder de sua filha.

No entanto, como terapeuta, já vi ocasiões em que certas acomodações eram necessárias *por um determinado período*. Por exemplo, já vi meninas cujos sintomas de pânico ou médicos eram tão graves que elas simplesmente não podiam ir à escola. Seus pais, com a ajuda da escola *e* de profissionais de saúde mental, tiraram-nas da escola por um período específico. Eles usaram o tempo de aconselhamento para trabalhar habilidades de enfrentamento tanto para as meninas quanto para os pais. Em seguida, as meninas voltaram gradualmente à escola, passando a frequentar intervalos de tempo cada vez maiores a cada semana.

Qualquer acomodação temporária precisa ser apenas isso: temporária. Elas precisam incluir um plano de desmame, tanto para sua filha quanto para você. Um conselheiro pode ajudá-lo a elaborar um plano objetivo para diminuir as acomodações e fortalecer a capacidade dela (e sua) de lidar com a situação.

Trabalhando mais do que ela

Um dos melhores conselhos que já ouvi como conselheira é que você não pode se preocupar mais do que outra pessoa com seus próprios problemas. Há mais de 25 anos, ainda me vejo fazendo isso o tempo todo. Quero muito para a criança que estou aconselhando. Faço força, incentivo, torço e faço mais força, mas encontro ainda mais resistência. Nesse ponto, geralmente (espero) percebo que entrei na "zona de se importar mais". Quanto mais me preocupo, menos ela faz. Ela se torna preguiçosa, deixando que eu faça o trabalho, ou oposicionista e reativa, como se fosse uma adolescente.

Sempre digo aos pais a mesma coisa: você não pode se importar mais do que ela com as notas, com a mágoa que sente por causa de uma amizade rompida etc. Com as notas, você sempre pode impor consequências quando caem abaixo de um determinado ponto. Mas, quando você se emociona mais com algo na vida dela do que ela própria, ela normalmente se cala ou simplesmente para de falar com você sobre o assunto. A preocupação funciona com a mesma ideia. Você não pode se esforçar mais do que ela para derrotar o Monstro da Preocupação.

"Quando os pais trabalham mais do que os filhos para resolver seus problemas, os filhos ficam mais fracos, não mais fortes", escrevem

Stixrud e Johnson.[7] Para vencer as preocupações, sua filha terá de aprender a resolução de problemas. Ela terá de acalmar o corpo, mudar o pensamento e usar suas próprias habilidades de enfrentamento. Você tem ferramentas para ajudar, mas é o processo de ela usar suas próprias ferramentas que fortalece seu corpo, sua mente e seu coração.

Ferramentas para ela

Vocabulário emocional

Quando meus colegas e eu viajamos e damos palestras, levamos nossos livros conosco, mas também levamos um adorável gráfico de sentimentos criado por nossa amiga Katie. Você pode comprar tabelas de sentimentos on-line ou em qualquer loja local para pais e professores. (Há também um em *Braver, Stronger, Smarter: a Girl's Guide to Overcoming Worry*.) Os gráficos normalmente mostram rostos com diferentes expressões que representam sentimentos, incluindo feliz, triste, zangado, envergonhado e assim por diante. Viajamos com tabelas de sentimentos porque acreditamos que toda família deveria ter uma. Ou mais. Conhecemos muitas famílias que compraram várias — uma para o carro, uma para colocar na geladeira, uma para o quarto do filho (que pode ser retirada na hora de dormir). Eu uso uma diariamente em meu escritório.

Na semana passada, pedi a uma menina de sete anos de idade que veio ao consultório por estar preocupada que apontasse e nomeasse três sentimentos que ela sentia regularmente. Ela escolheu feliz, orgulhosa e, é claro, preocupada. Perguntei se ela já sentiu raiva. "Não." "Você já se sentiu triste?", perguntei. "Isso é o mesmo que preocupação?", foi a pergunta que ela me fez. Meu palpite é que, para ela, é.

Encontro-me com outra garota que se preocupa de vez em quando. Mais recentemente, eu a vi depois que ela saiu de férias e teve um episódio de ansiedade grave. Quanto mais conversávamos, mais eu descobria que ela estava se sentindo excluída por seus primos favoritos durante a viagem. Ela estava triste, magoada e solitária, e tudo isso estava se manifestando como ansiedade.

Atendo uma garota do ensino médio com ansiedade bastante grave, que também é extremamente gentil. Ela sofreu bullying durante anos antes de eu conhecê-la. Diferentes garotas a intimidaram. Situações diferentes. Até mesmo escolas diferentes. Mas uma coisa permaneceu a mesma: ela não sabia como se defender. Sentia-se magoada e, depois, apropriadamente irritada com a forma como estava sendo tratada. Mas não tinha ideia de como expressar essa raiva e ainda ser a pessoa gentil que desejava ser.

As meninas que se preocupam não são apenas algumas das crianças mais inteligentes que conheço mas também algumas das mais gentis. As mais atenciosas. As mais complacentes. E são as menos propensas a falar sobre seus sentimentos. Toda a tristeza, a mágoa, a decepção e até mesmo a raiva aparecem como preocupação. A preocupação é mais apropriada, em suas mentes. Elas pensam que isso não fará com que ninguém mais se sinta mal. E quanto mais reprimem esses sentimentos, mais forte fica a ansiedade.

Em nosso livro *Are My Kids on Track? The 12 Emotional, Social, and Spiritual Milestones Your Child Needs to Reach,* o primeiro marco emocional sobre o qual falamos é o vocabulário emocional. É por aí que toda criança precisa começar. Queremos dar às crianças as ferramentas para falar sobre seus sentimentos e falar sobre eles com as palavras que os descrevem com precisão. A raiva é um sentimento; só é pecado quando ferimos outras pessoas por causa dessa raiva (Efésios 4:26). A tristeza é outra emoção muito apropriada, assim como a frustração, o constrangimento, a confusão e toda uma série de outras emoções que estão por trás da preocupação que tantas meninas sentem.

Com as meninas que aconselho, peço a elas que escolham três rostos da tabela de sentimentos e depois falamos sobre a grama. Mais especificamente, falamos sobre a sujeira por baixo da grama. O que vemos na superfície da vida de uma menina — grama verde e em crescimento — é evidência de que há algo por baixo (também conhecido como sujeira). E nessa "sujeira" há muitos sentimentos diferentes sobre os quais é importante falar. Precisamos ajudar as meninas que amamos a usar palavras que funcionem como pás de jardim para cavar por baixo e descobrir mais sobre o que elas realmente estão sentindo. Precisamos ajudá-las a expressar esses sentimentos para que não se transformem em preocupação. É o que o Monstro da Preocupação mais gostaria. Ele pegará toda a preocupação que as outras emoções dela conseguirem reunir e a usará para impedi-la de fazer exatamente as coisas que o derrotam.

Terapia de exposição

A terapia de exposição é um dos pilares da terapia cognitivo-comportamental.[8] Desenvolvida na década de 1950, a terapia de exposição ensina gradualmente as pessoas a fazer coisas assustadoras — como as que desencadeiam ansiedade e medo — de uma forma não tão assustadora. De acordo com a American Psychological Association [Associação Americana de Psicologia, em tradução livre], os terapeutas "criam um ambiente seguro para 'expor' os indivíduos às coisas que eles temem e evitam. A exposição aos objetos, atividades ou situações temidas em um ambiente seguro ajuda a reduzir o medo e a diminuir a evitação".[9] Portanto, isso reduz o medo, mas a pessoa ainda precisa fazer a coisa assustadora.

Falando nisso, moro em Nashville há quase três décadas. Adoro esta cidade, embora deva dizer que ela está ficando grande demais para minhas raízes de Arkansas, uma cidade pequena. Ainda assim, há apenas uma coisa que não amo em Nashville: as cigarras. Tenho certeza de que você já viu cigarras antes. Elas são aqueles insetos voadores de aparência nojenta que fazem um som estridente e deixam suas cascas nas árvores no verão. Isso não seria tão ruim se tivéssemos cigarras normais e em quantidades normais, mas temos *cigarras*. Fico esperando que Moisés coloque seu cajado na água e transforme o rio Tennessee em sangue quando elas aparecem. É como uma praga. E não estou exagerando. Felizmente, elas só chegam a Nashville a cada treze anos. E, a cada treze anos, penso seriamente em me mudar de volta para o Arkansas, onde elas não vivem nem passam.

Pouco antes da última praga (quero dizer, infestação; quero dizer, aparecimento), recebi uma menina da quinta série que estava ansiosa. Ela sabia que as cigarras estavam chegando e estava apavorada. (Eu não podia dizer a ela que eu também estava e que talvez houvesse outro terapeuta mais bem preparado e que evitasse menos as cigarras.) De qualquer forma, ela estava com medo e sentada em meu consultório, então tivemos de aceitar.

Para sua terapia de exposição, começamos falando sobre as cigarras. Só o fato de falar sobre elas, no início, já a deixava nervosa. A próxima etapa foi pedir que ela fizesse desenhos de cigarras com caretas ou de pijama. Depois, vimos fotos delas na internet. Fizemos um jogo em que ela dizia uma palavra boba, virava-se rapidamente para ver a foto de uma cigarra e, em seguida, virava rapidamente as costas. Por fim, assistimos a vídeos de cigarras reais no YouTube. Aos poucos, ela foi se expondo cada vez mais a essas coisas temidas e, à medida que isso acontecia, seu nível de ansiedade diminuía. Quando as cigarras chegaram, elas ainda eram nojentas e um pouco assustadoras, mas sua presença não era debilitante. E ela estava extremamente orgulhosa de si mesma por ter aprendido a controlar seu medo. (Eu, no entanto, ainda estava correndo da minha casa para o carro com uma capa de chuva com capuz.)

Se a sua filha estiver usando o livro de atividades *Braver, Stronger, Smarter: a Girl's Guide to Overcoming Worry*, eu forneço o desenho de uma escada para ajudá-la a entender e usar a terapia de exposição. No topo dessa escada, ela deve indicar uma meta específica, como passar a noite na casa de um amigo ou dos avós. Em seguida, em cada degrau da escada, escreverá um passo em direção a essa meta. O objetivo final é que ela aprenda a seguir em frente mesmo quando estiver com medo, independentemente do degrau da escada em que estiver no momento. Sua filha pode se recusar. Ela provavelmente preferirá tentar quando não estiver sentindo medo. Mas qualquer um de nós que tenha chegado à idade adulta sabe que não é assim que a vida funciona. Seu comportamento muda primeiro e, depois, seus pensamentos e sentimentos seguem o mesmo caminho. "Noventa por cento da dor associada à ansiedade ocorre *antes da* exposição à ansiedade — situações ou experiências que a provocam. A ansiedade é um distúrbio de antecipação", dizem os autores do livro *The Anxiety Cure for Kids: a Guide for Parents and Children* [A cura da ansiedade para crianças: um guia para pais e filhos, em tradução livre].[10]

Sua filha pode subir qualquer escada que estabeleça para si mesma e enfrentar qualquer medo específico, desde que o faça gradualmente e com seu apoio. Como você a está ajudando a estabelecer metas, dois tipos de terapia de exposição podem ajudar: exposições imaginárias e exposições ao vivo. A imaginária é exatamente o que parece. Ela se imagina fazendo a coisa assustadora antes de começar a praticá-la. Ela pode visualizar a si mesma na casa de um amigo — imaginando passo a passo o que acontecerá, começando com a entrada pela porta da casa, enquanto pratica técnicas de relaxamento. O simples fato de imaginar as etapas começará a aliviar seu medo e a aumentar seu nível de conforto com a ideia. Sua imaginação é um ótimo lugar para começar qualquer escada de exposição ou qualquer situação indutora de ansiedade.

Em seguida, passamos para as exposições ao vivo, na vida real. Queremos continuar subindo a escada da preocupação. Se ela tiver medo de vomitar, por exemplo, pode brincar com vômito falso primeiro. (Sim, ele realmente pode ser comprado.) Ela pode, então, passar a fazer sons bobos de vômito, ou toda a sua família pode fazê-lo com ela. (Eu sei, parece muito, não é? Mas sempre ajuda fazer disso um jogo.) Ela também pode ter um bicho de pelúcia para participar das exposições. Se ela tiver medo de conhecer alguém novo, o bicho de pelúcia pode conhecer a pessoa primeiro (embora você tenha de prepará-la para um encontro com o bicho de pelúcia). Ela pode pedir que uma pessoa que a apoie a acompanhe em um degrau da escada, antes de passar a fazer a coisa assustadora sozinha. As exposições também podem incluir desenhar a si mesma fazendo o que a deixa com medo ou até mesmo um teste bobo sobre o assunto específico que induz ao medo.

Há um milhão de maneiras pelas quais ela pode subir a escada de exposições, tanto em sua imaginação quanto na vida real. À medida que avança, ela precisa se lembrar de respirar e usar as técnicas sobre as quais falamos, como a atenção plena e o controle de suas preocupações. Mas o ponto principal é que ela precisa continuar avançando e fazendo o trabalho. Ela precisa praticar a coragem para seguir em frente, e é a prática que realmente a faz acreditar que é capaz.

Prática

Quanto mais preocupada sua filha estiver, mais confiança ela ganhará ao realizar a tarefa. E esse tipo de confiança é exatamente o que você quer para ela. Você quer que ela saiba que, mesmo quando está preocupada, ela tem habilidades de enfrentamento. Ela pode vencer o Monstro da Preocupação. Mas só o vence quando luta. E para lutar bem, ela precisa desenvolver esses músculos de luta contra o monstro. A prática é a musculação do trabalho com preocupações. E a falta de prática é a principal razão pela qual as crianças não derrotam seus Monstros da Preocupação.

Depois de completar um degrau em sua escada, ela precisa fazer isso repetidamente, até que seu termômetro da preocupação volte ao normal. Em seguida, ela precisa enfrentar o próximo degrau da escada. Se um degrau for permitir-se estar em uma situação assustadora, ela precisa permanecer nessa situação por pelo menos cinco a dez minutos. Ela precisa ficar o tempo suficiente para que o pico inicial de preocupação passe. É um pouco como entrar na água fria da praia. Ela mergulha um pouco, se acostuma, mergulha mais um pouco e assim por diante, até que esteja nadando como um peixe corajoso e despreocupado.

Aqui está um exemplo da vida real: se sua filha estiver lutando contra a evitação e estiver faltando à escola por um período, ela precisa de terapia de exposição em etapas graduais. Conte com a ajuda da escola e, talvez, faça com que ela vá às duas primeiras aulas por duas semanas e, depois, até o almoço nas duas semanas seguintes, até que ela tenha conseguido chegar a um dia inteiro de aula.

Eu diria que fazer com que ela trabalhe com suas preocupações pode trazer à tona suas próprias preocupações. *Ela consegue fazer isso? Estou insistindo demais?* Recebo essas mesmas perguntas em meu escritório regularmente. Forçá-la sem ferramentas seria demais. Ela se sentiria derrotada. Mas pressioná-la com as ferramentas para fazer a coisa assustadora é o suficiente. Isso é fortalecedor. Ela consegue. Ela é capaz. E ela tem tudo o que precisa dentro de si mesma, com as ferramentas que você está adicionando à sua bolsa de ferramentas para resolução de problemas.

Solução de problemas

Estamos tão ocupados sendo os recursos para as crianças que elas não aprimoram a desenvoltura. Falamos muito sobre resolução de problemas em nosso capítulo sobre desenvoltura no livro *Are My Kids on Track? The 12 Emotional, Social, and Spiritual Milestones Your Child Needs to Reach*. No entanto, pode ser outra situação do tipo "quem veio primeiro: o ovo ou a galinha?", pois também vejo uma determinação por parte dos pais em resolver os problemas para elas. Tenho certeza de que não é intencional, mas as crianças ansiosas geralmente dependem de outras pessoas para lidar com situações difíceis para elas. É importante observar que as pesquisas mostram que a ansiedade não está relacionada à falta de habilidades de resolução de problemas, mas à falta de confiança nas habilidades de resolução de problemas.[11]

Se você se sentir interferindo e fazendo o trabalho por ela, ela se afastará. Ela se afastará com medo. Ou por exigência. Ou, às vezes, até mesmo preguiça. Independentemente disso, ela dará um passo à frente. Ela confiará mais em sua voz do que na dela. Ela precisa fortalecer sua própria voz, bem como suas próprias habilidades de resolução de problemas. Ela terá mais do que alguns problemas ao longo do caminho, e você quer que ela aprenda a pensar por si mesma e a confiar em sua própria força quando esses problemas surgirem.

Em *Anxious Kids, Anxious Parents: 7 Ways to Stop the Worry Cycle and Raise Courageous and Independent Children*, os autores discutem que "ensinar as crianças a resolver problemas reduz a chance de elas desenvolverem um transtorno de ansiedade".[12] Peça à sua filha para fazer uma lista das coisas em que ela é boa. Lembre-a de problemas que ela já resolveu no passado. Faça perguntas a ela. Se ela disser "não sei" ou "não consigo" quando surgir um problema, volte à fórmula mágica da empatia e das perguntas.

- "O que você acha que vai ajudar?"
- "O que você acha que é a melhor coisa a se fazer?"
- "Acho que você é uma ótima solucionadora de problemas."

Toda vez que você faz perguntas e a incentiva a resolver o problema por conta própria, isso reforça que você acredita nela. Suas perguntas e a confiança que tem em sua filha fortalecem a voz dela *e* seus músculos de resolução de problemas e combate às preocupações.

Ferramentas para você

Propriedade e colaboração

"Ela precisa de outras ferramentas. As que você deu a ela não estão funcionando." Já ouvi isso dos pais inúmeras vezes ao longo dos anos. O que percebi é que as ferramentas não estão funcionando porque a criança não as está usando, ou é um esforço indiferente quando ela já está em modo de colapso total. Ela não fará o trabalho a menos que acredite nele — a menos que acredite que o trabalho ajudará e que você acredite em ambos. As recompensas ajudam muito (discutirei sobre elas na próxima seção). Mas queremos começar pela propriedade.

Sua filha precisa de coisas que sejam de sua propriedade e que não tenham nada a ver com preocupações. Uma ideia? Tarefas. Assim que ela conseguir andar, poderá guardar um brinquedo de cada vez na sala de jogos. Ela pode carregar seu pratinho até a mesa. À medida que ela for crescendo, precisará de responsabilidades que não sejam de mesada, mas que façam parte do fato de ser um membro de sua família. Ela precisa carregar sua própria mochila e puxar sua própria bolsa de rodinhas no aeroporto, mesmo que pareça maior do que ela. Ela precisa ter propriedade e responsabilidade. A propriedade não apenas gera confiança nas meninas, mas também a compra. Lembre-se, ela quer ser independente. Ela sente orgulho de si mesma com base em sua crença e na experiência dela.

Propriedade significa que ela assume a liderança. Colaboração significa que você está lá para apoiar. Seu trabalho é fazer perguntas. Acreditar que ela pode fazer isso. Ser compreensivo e duro ao mesmo tempo. O trabalho dela é derrotar o Monstro da Preocupação. Na verdade, queremos que ela seja a especialista em preocupações.

Quando me encontro com meninas que se preocupam, analisamos muitas habilidades em suas sessões. No final de cada sessão, peço aos pais que se juntem a nós para revisar as habilidades que ela aprendeu. Peço que ela ensine aos pais o que ela pode fazer para combater a preocupação. Eles fazem perguntas e ela responde, e não eu. Ao ensiná-los sobre a preocupação, ela experimenta usar sua voz e sente orgulho de si mesma por estar no comando. Isso ajuda a reforçar o que sua filha está aprendendo ao ensinar a outra pessoa o que ela deve fazer se estiver preocupada, não importa se é você, um bicho de pelúcia ou até mesmo o cachorro dela. De qualquer forma, queremos que ela se veja como a especialista em preocupação e em superação da preocupação.

Depois que ela o ensinar, você poderá colaborar. Quando ela criar seu plano da escada, por exemplo, pergunte a ela sobre isso. "Qual é a sua meta? Como posso apoiá-la? Que parte disso você pode fazer por conta própria?" Queremos fazer perguntas de forma colaborativa. Queremos dar a ela opções em sua luta contra o Monstro da Preocupação. Permitir que ela faça escolhas lhe dá a sensação de estar no controle em um momento em que ela não só precisa disso mas também não sente muito.

Ela pode querer confiar mais em você do que nela mesma quando as coisas ficarem difíceis, mas não caia nessa. Se ela pedir ajuda, faça uma pergunta de volta. "Que parte disso você pode fazer sozinha? Como posso ajudá-la a fazer isso?" Se você se sentir tentado a ajudar quando ela não pediu ou quando ela quase consegue fazer a tarefa, afaste-se. Lembre-a de que você quer ajudar a ela, e não o Monstro da Preocupação dela. Você pode até dizer a ela que o seu Monstro da Preocupação entrou em ação e está lhe dizendo que você deve assumir a luta. Você terá de lutar contra ele à sua maneira, e ela terá de lutar contra o dela à maneira dela. Mas é o trabalho dela — a propriedade dela com a sua colaboração — que faz a diferença na vida dela e na batalha contra ele.

Elogios e recompensas

Eu me esforço muito para não ser preto no branco. É uma tendência nossa, pessoas do tipo A, um no Eneagrama. Mas estou prestes a ser. Quando sua filha está trabalhando a ansiedade, ela precisa que você incentive *cada* esforço, *sempre*. Ela precisa que você se empolgue com ela e por ela. Ela precisa que você perceba quando ela dá um passo, qualquer que seja. Ela quer que você fique orgulhoso dela. Sua resposta é uma das melhores recompensas que ela pode receber. As recompensas tangíveis também ajudam. E, quando vocês dois criam um sistema de recompensas de forma colaborativa, a adesão dela e os resultados são muito maiores.

Cada esforço precisa ser acompanhado de uma recompensa imediata. Para as meninas mais novas, especialmente, você pode usar pontos, bolinhas de gude ou qualquer outro item pequeno. Sou fã de algo visual que as meninas possam ver em seus quartos. Hoje em dia, a maioria das meninas escolhe aqueles pompons coloridos e felpudos. Eles ficam divertidos em um pote na cômoda, e ela pode observar o número de pompons crescer, vendo diante de seus olhos o seu progresso contra o Monstro da Preocupação.

É assim que funciona: ela ganha um ponto ou pompom para cada exposição ou cada vez que for corajosa. Em seguida, ela coleciona pompons para trocá-los por uma recompensa pré-selecionada. Vocês podem criar uma lista de recompensas juntos, com recompensas diferentes valendo números variados de pontos. Quanto maior a recompensa, mais pontos ela vale. Ela pode acumular para um grande prêmio ou escolher prêmios pequenos com mais frequência.

Aqui estão algumas diretrizes básicas quando se trata de recompensas:

- Quanto mais jovem ela for, mais frequentes devem ser as recompensas.
- Não tire pontos como punição. Ela pode acabar lhe devendo pompons e se sentindo mais desanimada do que quando começou o sistema.
- As recompensas podem se basear na repetição, mas não em dias consecutivos. Ter de repetir uma tarefa todos os dias seguidos pode parecer uma pressão excessiva para uma criança que já sente muito. Por exemplo, ela recebe uma recompensa maior quando dorme em

sua própria cama por cinco noites sempre que essas cinco noites chegam, em vez de receber cinco noites seguidas.
- Inclua comemorações como parte das recompensas, principalmente se ela atingir uma de suas metas maiores.
- Normalmente, são necessárias três semanas para estabelecer um novo comportamento.

Quanto ao que funciona melhor para as recompensas, a opinião dela é inestimável. Antes de ela começar o trabalho de exposição, sente-se e converse sobre as coisas que a incentivariam. É provável que ela pense em alguns (ou mais) itens que exijam dinheiro.

Recompensas tangíveis podem, sem dúvida, ser motivadoras, como um livro, um bicho de pelúcia, um brinquedo, uma nova música ou jogo, ou um item que ela esteja querendo há muito tempo. Mas as recompensas não precisam custar nada — seu tempo é, na verdade, uma das melhores recompensas. Passear de bicicleta, jogar um jogo, almoçar ou jantar em um restaurante divertido de sua escolha, fazer um piquenique e assistir a um filme em família podem ser recompensas que envolvem relacionamento. Outras opções favoritas das meninas que vejo incluem pedir pizza, tomar um banho de espuma, dormir mais tarde e planejar e fazer uma festa do pijama. Qualquer que seja a recompensa, ela precisa ser significativa e motivadora para sua garota preocupada.

Uma palavra de advertência sobre irmãos: eles podem ficar com ciúmes. No entanto, costumo dizer aos pais que cada criança pode ter seu próprio pote de bolinhas de gude. Na verdade, cada adulto também pode, porque cada um de nós tem algo em que precisa trabalhar. Pode ser que o irmão dela não precise trabalhar a coragem. Mas certamente há um músculo que ele poderia se beneficiar ao desenvolver e trabalhar em seu próprio sistema de recompensas: paciência ou autocontrole, por exemplo. Cada membro da família pode ter sua própria motivação e suas próprias opções de recompensa.

Como pai, tudo aquilo a que você dá atenção na vida dela é, em essência, o que você recompensa. Se você der mais atenção à ansiedade e ao pânico dela, a ansiedade e o pânico aumentarão. Se você der mais atenção à coragem dela, a coragem dela aumentará. Novamente, queremos ser compreensivos e firmes na colaboração. Essa jornada será um desafio para ela. Ela precisará de tempo, muito esforço e muita coragem.

As recompensas não só a ajudarão a se envolver, mas também farão com que esse processo seja muito mais divertido. Ouça, elogie e recompense *todas as* tentativas dela de lidar com suas preocupações. Concentre-se nas habilidades de enfrentamento e no comportamento independente dela. Acredite nela e lembre-a de sua coragem. Ela não se lembrará nem acreditará nisso por si mesma muitas vezes ao longo do caminho. Ela precisará que você sempre se lembre, lembre-a e elogie até mesmo os menores passos.

Consistência

Assim como a prática é uma ferramenta crucial na luta dela contra o Monstro da Preocupação, a consistência é uma ferramenta crucial na sua. E a consistência pode, às vezes, causar uma briga *com* ela quando o Monstro da Preocupação assume o controle. Não importa se a luta dela é com o Monstro da Preocupação ou com você ao tentar ajudá-la, ela precisa que você seja consistente em suas recompensas, em seu apoio e em sua força.

Um surto de extinção é um fenômeno que ocorre com muitas crianças no início do processo. É um pouco como uma bebedeira que ocorre na noite anterior à reabilitação. O comportamento dela pode piorar um pouco no início — ou melhor, o comportamento do Monstro da Preocupação. Pode haver mais raiva, mais perguntas, mais lágrimas. Seja coerente. O Monstro da Preocupação não se deixa abater facilmente. Mas sua consistência será recompensada com o tempo.

As crianças ansiosas vivem de acordo com a regra "uma vez e pronto". Depois de perderem a coragem para realizar uma tarefa uma vez, elas podem se esforçar e dizer (bem alto) que "JÁ FIZERAM ISSO!". Elas querem independência, mas têm medo. Afinal, elas têm ansiedade, portanto, fazer a coisa assustadora várias vezes pode ser difícil. E cansativo. Sua filha precisa fazer a coisa assustadora várias vezes — até que não pareça mais uma coisa assustadora. Ela precisa que você seja consistente durante todo o processo. Continue torcendo por ela em cada passo do caminho. Ela pode fazer isso, e você também pode.

Flexibilidade

Outra ferramenta importante contra a preocupação é a flexibilidade. Ao buscarmos a incerteza e o desconforto de propósito, reduzimos a ansiedade e seus efeitos. A flexibilidade e a amígdala têm uma relação inversa. Quanto mais fortalecemos o músculo da flexibilidade, mais acalmamos a amígdala. A flexibilidade literalmente redefine a amígdala e reduz o número de alarmes falsos, de acordo com os autores de *Anxious Kids, Anxious Parents: 7 Ways to Stop the Worry Cycle and Raise Courageous and Independent Children*.[13]

De que forma vocês podem desenvolver mais flexibilidade como família, especialmente com uma filha ansiosa? Primeiro, pode ser útil praticar na segurança de sua própria casa. Troque de lugar na mesa de jantar. Sirva o café da manhã no jantar. Arrume as camas com os travesseiros na direção oposta. Altere a rotina da hora de dormir ou qual de vocês acorda as crianças pela manhã. Pequenas mudanças podem ter um grande impacto na flexibilidade de aprendizado de sua filha.

Sua filha, como todos nós, enfrentará desconforto ao longo da vida. Ela conviverá com a incerteza e até mesmo com a decepção quando as coisas não acontecerem como esperado. Quando vocês praticam a flexibilidade em família, ela aprende que pode se sentir segura e desconfortável ao mesmo tempo. Ela ainda está bem. Ela ainda pode lidar com isso. Ela ainda é a mesma em meio a coisas assustadoras e incertas. Como dizem Wilson e Lyons: "Medo, incerteza, desconforto, preocupação [...] são partes normais e esperadas da vida e são sinais de que você está avançando, entrando na vida e crescendo".[14] Sua filha está crescendo, mesmo que os passos pareçam pequenos e lentos. Qualquer passo é um passo de coragem e de bravura para ela. Incentive-a. Comemore com ela. Lembre-a com frequência de tudo o que ela conseguiu até agora em sua luta contra o Monstro da Preocupação.

Ao ler este capítulo, você pode ter criado sua própria escala de metas pessoais. Espero que sua meta principal seja ensinar sua filha a ser *ela mesma*, a ter sua própria voz, a descobrir sua própria confiança, a desenvolver suas próprias habilidades de resolução de problemas. Ela precisa de sua colaboração nesse processo. Ela precisa que você a ajude a descobrir quem Deus a criou para ser. Essa é a versão dela que você quer ajudar a lançar no mundo. A versão que tem bom senso, que aprende a discernir a voz de Deus e a seguir para onde ela acredita que ele a está conduzindo. Essa é a versão dela que pode aprender não apenas a viver com a incerteza mas a ser corajosa, forte e inteligente em meio a ela.

Primeiro João 3:20 na tradução *A mensagem* diz: "Deus é maior que nosso coração ansioso e sabe mais a nosso respeito que nós mesmos." Ela pode ser a especialista em preocupações, mas Deus é o especialista nela. Ele a conhece. Ele não lhe deu um espírito de medo. Ele lhe deu amor, poder, força e coragem para superar qualquer preocupação que surja em seu caminho. Ele é maior. À medida que ela aprender a seguir em frente com coragem, ele fortalecerá seu coração a cada passo. E acredito que ele o surpreenderá ao fortalecer sua fé ao lado do dela.

Pontos-chave a serem lembrados

A evitação aumenta a ansiedade. O resgate comunica que ela precisa ser resgatada. Ela precisa da mensagem oposta.

A bravura existe na presença do medo, não na ausência dele.

As crianças com ansiedade anseiam e podem exigir previsibilidade. Não queremos seguir as regras do Monstro da Preocupação.

Os comportamentos e rituais de segurança fortalecem a ansiedade mais do que fortalecem sua filha.

As crianças ansiosas acreditam que o controle as manterá seguras. Em vez de elas aprenderem a controlar a ansiedade, a ansiedade as controla. Sua segurança depende do seu controle.

Fazer perguntas contínuas pode se tornar um comportamento de segurança para as crianças. Não é das suas respostas que elas precisam... é de sua ajuda para aprender a reconhecer e silenciar a voz do Monstro da Preocupação nas perguntas.

A evitação não apenas fortalece a ansiedade, mas faz com que sua filha se sinta pior consigo mesma no processo.

Ao fazer adaptações para sua filha, você incentiva mais a dependência do que a independência. As adaptações fortalecem os sintomas de ansiedade e diminuem a capacidade dela de lidar com a preocupação.

Você não pode se esforçar mais do que ela para derrotar seu Monstro da Preocupação.

As meninas que se preocupam geralmente canalizam todas as suas emoções para a "saída apropriada" da preocupação. Elas precisam de nossa ajuda para desenvolver um vocabulário emocional, que é sua primeira e mais fundamental ferramenta para derrotar o Monstro da Preocupação.

A terapia de exposição é uma parte necessária para ajudar sua filha a aprender a lidar com suas preocupações, uma meta de cada vez. Ela precisa de seu apoio para definir e praticar metas à medida que desenvolve seus músculos de confiança e coragem.

A resolução de problemas é uma das ferramentas mais importantes em sua luta contra o Monstro da Preocupação. As meninas que se preocupam duvidam de sua capacidade de resolver problemas sozinhas. Sua confiança e suas perguntas a ajudarão a encontrar a própria voz na resolução de problemas.

A propriedade dela e sua colaboração são duas das ferramentas mais importantes na luta contra o Monstro da Preocupação.

Um sistema predeterminado de recompensas criará mais confiança e diversão à medida que ela fizer o trabalho árduo de combater o Monstro da Preocupação.

O Monstro da Preocupação não vai sucumbir sem lutar, e essa luta, às vezes, pode parecer mais uma luta dela contra você. Nesses momentos, ela precisa de consistência de sua parte — força e apoio consistentes.

Outra arma importante na sua luta contra a preocupação é a flexibilidade. A flexibilidade acalma a amígdala hiperativa.

Entendendo melhor você e sua filha

O que sua filha tem evitado ou tentado evitar recentemente?

Como você vê sua filha exigindo previsibilidade? Conforto?

Que comportamentos de segurança você reconhece em sua filha? Algum em você?

Como você percebe que sua filha busca o controle?

Sua filha faz perguntas contínuas? Como você costuma responder? Como você poderia responder de forma diferente?

Quais são as três maneiras pelas quais você tem, sem saber, acomodado as preocupações de sua filha?

De que forma você tem se esforçado mais do que ela para vencer as preocupações dela?

Como você pode praticar mais o vocabulário emocional em casa?

Qual é a meta que você gostaria que sua filha atingisse? Como você pode ajudá-la a montar e praticar sua escada de exposições? Reserve um tempo para fazer isso esta semana e observe como ela se sente em relação a si mesma durante o processo.

Qual é o problema que sua filha está enfrentando no momento? Como você poderia ajudá-la a desenvolver mais soluções de problemas por conta própria?

Como você pode dar à sua filha mais propriedade no processo? Como você pode acompanhá-la com apoio e colaboração, em vez de fazer por ela?

Que recompensas você acredita que incentivariam sua filha? Sentem-se juntos e pensem em vinte tipos de recompensas com diferentes pontos para ajudá-la a aderir.

Como você está se saindo em termos de consistência com sua filha e com o trabalho de preocupação dela? O que você poderia fazer de diferente?

Como você pode incorporar mais flexibilidade em sua vida familiar?

SEÇÃO 3
ESPERANÇA

CAPÍTULO 7
PROBLEMA

Pode parecer engraçado começar uma seção sobre esperança com a palavra *problema*. Mas você se lembra do versículo ao qual dissemos que voltaríamos nesta última seção? João 16:33: "Neste mundo vocês terão problemas". Mas as coisas não terminam aí. Os problemas que enfrentamos podem nos levar a algo bom.

> Não só isso, mas também nos gloriamos nas tribulações, porque sabemos que *a tribulação produz perseverança; a perseverança, um caráter aprovado; e o caráter aprovado, esperança*. E a esperança não nos decepciona, porque Deus derramou seu amor em nossos corações, por meio do Espírito Santo que ele nos concedeu. — Romanos 5:3-5 (grifo do autor)

É verdade. Nossas meninas sofrerão e terão problemas. Todos nós sofreremos, de maneiras grandes e pequenas. Portanto, podemos e devemos esperar problemas — não insistir neles, mas estar preparados para eles, sabendo que o sofrimento produz perseverança, a perseverança produz caráter e o caráter produz esperança.

A ciência também mostrou como os problemas e as adversidades podem nos ajudar. Em *O cérebro que diz sim: como criar filhos corajosos, curiosos e resilientes*, Daniel Siegel e Tina Payne Bryson escrevem sobre o crescimento pós-traumático que ocorre em até 70% dos sobreviventes de traumas.[1] Eles relatam uma profunda transformação positiva como resultado do enfrentamento de traumas e de outras circunstâncias desafiadoras da vida. Eles escrevem: "Permitir que as crianças enfrentem a adversidade, sintam decepção e outras emoções negativas e até mesmo fracassem... [ajuda-as] a desenvolver coragem e perseverança."[2]

Aprendi uma dura lição sobre adversidade e expectativas há mais de uma década em um passeio de bicicleta de seis quilômetros. Era uma viagem de dez dias para arrecadar fundos para a Daystar com minhas amigas Melissa e Mimi. Uma família gentil havia generosamente oferecido à Daystar uma doação de aproximadamente 560 mil reais para ajudar a comprar uma casinha amarela onde poderíamos aconselhar as crianças, e estávamos determinadas a arrecadar dinheiro para a compra.

Quando comecei a trabalhar na Daystar, em 1993, nosso escritório ficava no prédio mais feio de Green Hills, nosso bairro em Nashville. A parte externa era um tipo de estuque, similar ao concreto cinza. O interior tinha o cheiro do salão de beleza do andar de baixo. E o escritório ao lado do nosso era ocupado por um corretor de penhores que não parecia estar totalmente em alta. Ainda assim, fizemos o possível para tornar nosso escritório acolhedor e convidativo para as crianças e famílias que entravam por nossas portas. (Sim, era seguro, embora um pouco suspeito.) Os corredores internos da Daystar eram amarelos como o sol. Tínhamos chá com especiarias e colchas penduradas e usávamos lâmpadas em vez de luz fluorescente. Mas não conseguíamos transmitir o calor que tanto nos esforçamos para transmitir. Nossos corações ansiavam por algo mais.

A ideia do passeio de bicicleta surgiu durante o jantar. Nós três estávamos conversando sobre como arrecadar dinheiro para a casa. Não tenho certeza de quem sugeriu o passeio de bicicleta, mas Melissa e Mimi rapidamente entraram na onda. Elas acharam que seria uma aventura. Eu não achei. Não sou atleta. Nunca fui atleta. E não sou muito aventureira quando se trata de empreendimentos esportivos, a menos que envolvam esquis. Caso contrário, estou fora. Mas quando duas de suas amigas mais próximas estão falando sobre como vai ser maravilhoso... *"As lembranças durarão a vida toda... é por uma boa causa..."*. Você entendeu a ideia. Eu adoraria dizer que concordei porque me senti muito benevolente com a Daystar, mas concordei principalmente porque não queria perder a diversão.

Alguns meses depois, tínhamos nossas bicicletas prontas e todas as barras de proteína que pudéssemos comer, e partimos. No primeiro dia, literalmente no primeiro quilômetro, meu pneu furou. A partir daí, pelo menos para mim, foi só ladeira abaixo. Em algum momento de cada dia, eu chorava. Geralmente era por volta do quilômetro quarenta e cinco, quando o final do trecho diário de 64 quilômetros ainda parecia distante e Melissa e Mimi não estavam à vista.

Chegando no fim da história, tenho o prazer de dizer que conseguimos! Nós três arrecadamos 450 mil reais para a Daystar, e outras pessoas se juntaram a nós e arrecadaram o restante. Agora estamos no que um garoto chamou de "a casinha amarela que ajuda as pessoas" há mais de dez anos, e ela é realmente a casa dos nossos sonhos.

Semanas depois de voltarmos de nossa viagem, percebi o que estava acontecendo comigo naqueles dez dias. Sim, eu estava cansada. Sim, foi um trabalho árduo. Mas, acima de tudo, a viagem não correspondeu às minhas expectativas. Imaginei estar percorrendo uma bela estrada com duas de minhas melhores amigas. Imaginei folhas de outono e fardos de feno ao longe. Imaginei que estaríamos rindo juntos e talvez cantando músicas bobas. Não tivemos nada disso. Minhas amigas eram doces — quando eu finalmente as alcançava no final do dia. Eu via fardos de feno — quando conseguia me concentrar em algo que não fosse um quilômetro e meio de subida. E tentei cantar músicas sozinha, mas não era a mesma coisa. Minhas expectativas atrapalharam e foram minha ruína.

Como conselheira de crianças dessa geração, posso dizer que suas expectativas irrealistas muitas vezes também contribuem para sua queda.

As expectativas delas

A cultura atual

"Não estou certa de quem lhe disse que a vida não seria difícil." No verão passado, essa foi uma das declarações mais memoráveis (e por vezes esperançosas) que Melissa fez às crianças em nosso acampamento em Hopetown. Ela continuou falando sobre como a vida pode ser e, muitas vezes, será profundamente difícil. Os amigos as decepcionarão. Seus pais as decepcionarão. Elas se decepcionarão consigo mesmas. As coisas não sairão como elas esperam ou desejam. Há dor, mas ela lembrou a cada criança o que Deus nos promete em meio à dor. (Falaremos mais sobre isso em breve, especialmente no capítulo 9.)

Já falamos sobre como, enquanto adultos que amam as crianças, intervimos e tentamos protegê-las. É como se estivéssemos tentando protegê-las dos problemas sobre os quais Jesus falou em João 16:33.

A atitude de muitos pais? *Não, você não terá problemas, porque eu vou tirá-la deles.*

Há alguns anos, a família de uma menina do primeiro ano do ensino médio processou o clube de vôlei local porque estava descontente com o pouco tempo de jogo dela.[3] Neste mundo, essa menina não terá problemas se seus pais puderem fazer algo a respeito. Eles estão dizendo a ela que a vida não deveria ser e não é difícil.

No entanto, não são apenas os pais que estão enviando a mensagem errada. É também a cultura. Graças à curadoria de contas de mídia social, em especial, as crianças estão sendo influenciadas por outras crianças

PROBLEMA

que fazem a vida parecer fácil e perfeita, como se fossem felizes e participassem de todas as festas de aniversário ou encontros do ensino médio possíveis. Elas podem se tornar "famosas no insta" pela maneira como se maquiam ou sincronizam os lábios nos aplicativos, ou até mesmo pela maneira como fazem *slime*. Basta virar o celular e apertar o botão Live. Os amigos e seguidores se acumularão.

As meninas de hoje se comparam com uma versão Pinterest da vida, em que todos parecem ter uma aparência e uma vida melhores e ser mais felizes e mais magros. E cercados por outros amigos felizes e magros. Aparentemente, eles também vivem onde não há depressão ou ansiedade, nem mesmo tristeza ou preocupações. Na verdade, com um grande custo para as meninas, parece haver um esforço para fazer com que a ansiedade e a depressão pareçam legais e ousadas em programas de TV, filmes e outras mídias.

A tecnologia e a cultura que a ansiedade criou estão mudando as expectativas das meninas que amamos. Aqui estão apenas algumas das expectativas delas que ouvi ao longo dos anos.

"*Terei uma melhor amiga na escola primária que quer dormir em casa e brincar todo fim de semana.*"

"*Minha melhor amiga nunca me deixará de fora e sempre me incluirá.*"

"*Vou tirar notas máximas durante toda a escola.*"

"*Serei convidada para todas as festas de aniversário.*"

"*Encontrarei amigas que me farão sentir aceita, amada e segura todos os dias na escola.*"

"*Não receberei apenas 94s; receberei 100s.*"

"*Terei o melhor grupo de amigas que ficará comigo desde o ensino médio até o momento em que seremos madrinhas no casamento uma do outra.*"

"Vou ganhar o carro dos meus sonhos, embrulhado com um laço enorme, quando fizer dezesseis anos."

"Terei um namorado no ensino médio que me levará para casa e depois me convidará para o baile de formatura da maneira mais romântica e criativa de todos os tempos."

"Conhecerei meu marido na faculdade. Teremos filhos aos vinte e poucos anos, depois de viajar e tomar café em lugares legais. Estaremos loucamente apaixonados um pelo outro todos os dias."

"Ele será perfeito."

"Vestirei um tamanho P."

E fica pior...

"Serei corajosa, independentemente das circunstâncias."

"Serei sempre gentil e nunca me sentirei frustrada comigo mesma."

"Nunca terei conflitos com ninguém."

"Sempre me sentirei bem comigo mesma."

"Terei confiança, não importa o que esteja acontecendo ao meu redor."

"Serei inteligente e bonita, amarei os outros e demonstrarei que nada me incomoda."

"Neste mundo, não terei problemas."

Na verdade, não estou ouvindo todas essas declarações em voz alta, embora esteja ouvindo algumas. Mas elas refletem as expectativas e a decepção de muitas das meninas que estou aconselhando hoje.

Acredito que expectativas irreais são parte do motivo pelo qual as taxas de depressão, ansiedade e até mesmo suicídio estão disparando. Um estudo realizado pelo Center for Disease Control and Prevention [Centro de Controle e Prevenção de Doenças, em tradução livre] do National Center for Health Statistics [Centro Nacional de Estatística em Saúde, em tradução livre] descobriu que a taxa de morte por suicídio aumentou

30% desde 2000. Para as mulheres, em particular, as taxas de suicídio dobraram. E, ainda mais trágico, a taxa de suicídio entre meninas triplicou no mesmo período.[4]

A mídia social está influenciando as meninas a terem pensamentos como: *"Minha vida deve ser parecida com a dela, a dela, a dela e a dela. Se for assim, é o que eu imaginei. Não há necessidade de gratidão. Se não for, estou perdida. Não tenho a menor ideia de como lidar com isso ou superar o problema. Há algo errado comigo. Minha vida é miserável. O problema é maior, e eu sou menor e impotente para fazer algo a respeito".*

Nossas meninas precisam que comuniquemos algo diferente — algo melhor.

A igreja hoje

Como escritora e palestrante, sigo muitos outros escritores e palestrantes no Instagram. Fora isso, sigo apenas meus amigos mais próximos, porque também sou suscetível aos efeitos de destaque da rede social. Posso esquecer que meu mundo terá problemas quando vejo o mundo de outras pessoas. Mas, sinceramente, espero mais dos companheiros de viagem que estão na mesma estrada.

Durante anos, muitos na igreja se manifestaram contra o "evangelho da prosperidade", que se tornou popular entre os televangelistas na década de 1980. Acredito que ele ainda faz parte de nossa cultura hoje, com diferentes vozes e perspectivas. A simplificação exagerada é a seguinte: se você seguir a Deus, ele o abençoará de maneiras tangíveis e terrenas. Ou, pelo menos, da maneira que você quiser. Antigamente, isso se referia mais à saúde e à riqueza. Hoje, parece ter mais a ver com a comida que você come, os lugares que frequenta e as pessoas maravilhosas e lindas que o amam em meio a tudo isso.

O evangelho da prosperidade de hoje parece prometer que você terá mais amigos. Você se casará na idade que planeja e terá o número de filhos que deseja. Você pode ter a carreira para a qual acredita que Deus a chamou, ganhar a vida muito bem fazendo isso e ter um perfil nas redes sociais sobre seu "marido incrível" e seus "quatro filhos preciosos". Pode começar seu próprio blog ou podcast contando a outras pessoas — por meio de sua luta redentora — como fazer o mesmo, fazendo com que até mesmo suas lágrimas pareçam adoráveis.

Não estou tentando parecer sarcástica, o que parece estar na moda hoje em dia também nas redes. Deus tem sido profundamente gracioso comigo e com todos nós de maneiras tangíveis e maravilhosas. Mas as vidas que estamos apresentando parecem muito com as expectativas das meninas que amamos. E, como alguém que já se reuniu com milhares de pessoas ao longo dos anos por trás das portas fechadas da confidencialidade, acredito que estamos prejudicando outros com essa apresentação enganosa.

Fico triste pelos pais que perderam um filho e estão navegando pelas postagens nos feriados que mostram famílias "perfeitas". Fico triste pela filha afastada — e pela mãe — no Dia das Mães, quando ela lê sobre tantos relacionamentos que parecem ser o que ela gostaria de ter tido. Fico triste pelas pessoas que estão se divorciando e leem postagens de aniversário sobre os casamentos perfeitos com os quais Deus abençoou seus amigos. Sinto isso em quase todos os feriados importantes e em muitos dias intermediários. Sei que as redes sociais se tornaram um lugar em que publicamos marcos e comemorações. Eu também faço isso. Mas também conheço muitos casamentos que não são exatamente o que as legendas transmitem. E conheço muitas pessoas, de todas as idades, que achavam que eram "melhores amigas" até que outra pessoa ganhou o cobiçado título no Instagram.

Não quero ser hipócrita aqui. Eu publico muitas coisas positivas no Instagram. Mas espero e oro para que eu possa usar a verdade em minhas palavras, mesmo quando são palavras de incentivo ou elogio. Tento não usar palavras como "melhor" e "mais" de propósito. Mostro coisas boas e divertidas, mas também quero mostrar a verdade sobre o que minha vida é e o que não é — para o bem do meu próprio senso de integridade, para as meninas, para os amigos vulneráveis e até mesmo para as demais pessoas que possam me seguir.

É aqui que acredito que erramos o alvo, não apenas nas mídias sociais, mas na igreja, em geral. Nossa versão do evangelho da prosperidade não está apenas nas fotos que publicamos, mas também na forma como transmitimos nossa vida. Parece que estamos vivendo em meio a essas mesmas coisas que as meninas de hoje esperam. E mesmo que minha vida tenha sido muito boa, com certeza não parece ser da forma como eu imaginava ou pela qual eu orava quando tinha dezessete anos.

Recentemente, li uma citação de um autor cristão que respeito muito, mas que permanecerá anônimo. Ele disse algo no sentido de que contentamento é quando chegamos ao lugar para onde estamos indo na vida. Não sei quanto a você, mas eu não cheguei ao lugar para onde estava indo. Ou pelo menos para onde eu achava que estava indo. Mas gosto muito de onde cheguei. Acredito que Deus me chamou aqui. E tem havido muito propósito. E muita dor também. Neste mundo, definitivamente tive problemas. Alguns desses problemas parecem inspiradores e parecem ser a beleza das cinzas, e outros não. Acredito que sim. Mas ainda não. E temo que estejamos prestando um péssimo serviço às crianças em nossas vidas — e em nossas igrejas — quando apresentamos tudo isso em um pacote lindo, digno do Pinterest.

Como cristãos, muitas vezes achamos que a vida é uma fórmula, que dois mais dois sempre é igual a quatro, que seguir Jesus é igual a felicidade. É o que eu mais gostaria. Minha vida *tem esperança* porque sigo Jesus. No entanto, não acredito que isso torne minha vida feliz. Ou que a felicidade permaneça por muito tempo. Também não acredito que seja o que Jesus prometeu. Dois mais dois às vezes é igual a cinco. Seu cônjuge morre inesperadamente justamente quando você está começando uma família. Sua carreira nunca decola da maneira que você imaginava. Dois pais bondosos não necessariamente resultam em uma criança bondosa e fácil.

Ainda assim, acredito que Deus nunca comete erros. Há bem, vida e luz deste lado do céu. E sim, também há problemas. As crianças, quando chegam a uma certa idade, e se forem honestas, sabem que isso é verdade. Mas elas certamente precisam que sejamos honestos com elas, ou a realidade e as expectativas delas nunca serão compatíveis de uma forma que traga esperança.

A realidade delas

Recentemente, juntei-me à equipe da Daystar em uma escola em uma manhã triste de segunda-feira. Um garoto do ensino médio havia tirado a própria vida no fim de semana, e a administração pediu que estivéssemos presentes para apoiar os alunos, os pais e o corpo docente. Ficamos honrados com o pedido e, ao mesmo tempo, entristecidos com uma perda tão desnecessária e trágica para essa querida comunidade.

Fiquei ali sentada observando os alunos da série do menino entrarem na capela da escola. Enquanto eles entravam, a diretora colocou as mãos em cada um deles, olhou-os nos olhos e disse uma versão de "Eu te amo", "Você não está sozinho" ou "Estou ao seu lado". Ainda fico com lágrimas nos olhos ao lembrar de seu rosto compassivo e da força de suas palavras. Em seguida, o diretor da escola se levantou para falar aos alunos e pais. Uma das primeiras frases que saiu de sua boca foi: "Os 'e se' são de Satanás".

Ele está certo. Os "e se" de que falamos e que o Monstro da Preocupação tenta lançar sobre sua filha são de Satanás, mesmo — e talvez especialmente — no caso de algo tão devastador como perder um amigo para o suicídio.

Posso quase garantir que toda criança de hoje com mais de treze anos de idade já conheceu alguém em sua escola que tentou suicídio ou pelo menos falou sobre isso. Essa é uma realidade para nossos filhos. Também conheço um número excessivo de crianças que perderam um dos pais por suicídio ou que se preocupam com a possibilidade de que isso aconteça. Em nossa cultura após o 11 de setembro, as crianças também pensam em terrorismo, acidentes de avião e homens-bomba de uma forma que nunca pensamos. Elas ouvem constantemente sobre assassinatos e tiroteios em massa que as levam a ter preocupações que nunca teríamos imaginado quando estávamos crescendo.

De certa forma, parece irônico que elas possam estar preparadas para as grandes coisas que podem acontecer e ainda assim serem surpreendidas pelas pequenas coisas. Ou, pelo menos, as coisas mais pessoais e inevitáveis.

Estamos ensinando as crianças a se esconderem debaixo das carteiras na escola no caso de uma invasão, mas não estamos ensinando a elas como lidar com um membro da família que as decepciona. Temos aulas e mais aulas sobre a prevenção do bullying, mas não estamos ensinando a elas a resolução saudável de conflitos. Talvez isso seja parte do motivo pelo qual as Américas têm os níveis mais altos de ansiedade do mundo.[5] As crianças que amamos estão recebendo a mensagem de que o indescritível acontece, mas não as estamos preparando para lidar com os problemas diários que fazem parte da vida. Sua filha precisa aprender a funcionar em meio a ambos... e não apenas a funcionar, mas a ter esperança.

A esperança delas (e a nossa)

Volte algumas páginas e releia a lista de expectativas que muitas meninas têm. Quantas delas foram atendidas em sua vida? Espero que algumas delas tenham sido. Mas meu palpite é que a maioria não foi. Ou não foram cumpridas literalmente. Quantas dessas expectativas você, sem querer, ajudou a transmitir a seu filho e a outras pessoas? O que você gostaria que alguém tivesse dito a você em vez disso? Aqui está o que eu gostaria de ter sabido quando era uma menina de oito ou dezoito anos.

- Você terá bons amigos ao longo do caminho, embora eles possam não ser os mais populares.
- A gentileza é sempre mais importante do que a frieza em uma amizade.
- Até mesmo os melhores amigos podem ferir seus sentimentos e deixá-lo de fora às vezes.
- Aprender a lidar com conflitos é mais importante do que ter uma amizade em que não há conflitos.
- Todo relacionamento importante em sua vida será difícil às vezes.
- Você não será convidado para todas as festas de aniversário.
- O fato de você não ser o melhor amigo de alguém não significa que você não seja um amigo. Todo mundo tem alguns amigos mais próximos.
- As pessoas ainda podem amá-lo de verdade e ferir seus sentimentos, inclusive ao mesmo tempo.

- Não existe um amigo perfeito.
- Não existe um homem perfeito.
- Certamente não existe um adolescente perfeito.
- Todo estudante universitário se sente solitário, acha que escolheu a faculdade errada e, às vezes, deseja ser transferido.
- Não existe casamento perfeito.
- Todo trabalho tem dias difíceis em que você gostaria de ter escolhido outra coisa.
- Ser pai é difícil. Você amará seus filhos loucamente e ficará feliz quando as férias terminarem.
- Em todas as fases de sua vida, você se preocupará em alguns momentos. Você se preocupará com as coisas e pessoas que são mais importantes para você e, às vezes, se preocupará com coisas que nem sequer importam.
- Você se sentirá triste, irritado e magoado com frequência. Diariamente. Mas esses sentimentos não definem você. Você pode escolher o que o define.
- Você nunca se sentirá 100% confiante.
- Você pode se sentir corajoso e temeroso ao mesmo tempo.
- Você falhará. E falhará de maneiras grandes e pequenas um milhão de vezes ao longo de sua vida.
- Seu fracasso também não o define.
- Muitas vezes você sentirá que há algo errado com você. Você se sentirá como se fosse o único que _____ ou que não _____. Você não é. E também não é.
- Você é exatamente quem Deus quis que fosse, mesmo que não se sinta assim na maior parte do tempo.
- Neste mundo, você terá problemas, e muitos.

- Mas você sempre pode ter esperança por causa de Jesus.
- Jesus é o único amigo que nunca o decepcionará ou o deixará na mão.

Há vários anos, trabalhei com uma família cuja filha havia sido diagnosticada com uma doença crônica. Eles foram informados de que essa doença tiraria sua vida. Sua família, obstinada, buscou todos os tipos de tratamento imagináveis. E agora, quase quinze anos mais tarde, ela não está apenas sobrevivendo, mas está prosperando na faculdade. No entanto, quando ela tinha oito anos de idade, sua mãe compartilhou comigo este poema que sua filha havia escrito.

> *Sou uma garota que acredita em anjos porque já passei por momentos difíceis.*
>
> *Gostaria de saber como podemos tornar nosso mundo um lugar melhor.*
>
> *Ouço anjos rindo ao longe.*
>
> *Eu me vejo subindo ao palco em meu show na Broadway.*
>
> *Quero que todas as crianças tenham acesso à educação.*
>
> *Sou uma garota que acredita em anjos porque já passei por momentos difíceis.*
>
> *Finjo que sou uma atriz famosa.*
>
> *Sinto que posso fazer qualquer coisa.*
>
> *Toco meu cobertor macio e quente à noite.*
>
> *Preocupo-me com o fato de não ser boa o suficiente para o mundo.*
>
> *Choro ao ver um leito de hospital.*
>
> *Sou uma garota que acredita em anjos porque já passei por momentos difíceis.*
>
> *Entendo que você se sinta frustrado.*
>
> *Eu digo, tudo está bem no final — se não estiver bem, não é o final.*

Sonho que sou uma atriz famosa.

Tento me aproximar e ajudar minha comunidade.

Espero que algum dia outras pessoas possam me ver como a garota legal, e não apenas como a garota doente.

Sou uma garota que acredita em anjos porque já passei por momentos difíceis.

Essa jovem teve de abandonar cedo suas expectativas de uma vida perfeita. Na verdade, ela trocou essas expectativas por algo muito mais duradouro: esperança. Acredito que sua esperança é resultado direto do sofrimento pelo qual ela passou. Ela não deixou que os sofrimentos fortalecessem suas preocupações; em vez disso, Deus usou esses sofrimentos para fortalecer seu coração. Suas expectativas e sua realidade se uniram sob os cuidados dele.

Com base em toda a minha experiência de aconselhamento e pesquisa sobre ansiedade, concordo com esta declaração de David Clark e Aaron Beck, autores de *The Anxiety and Worry Workbook: the Cognitive Behavioral Solution*: "A maior parte das preocupações é inútil, na melhor das hipóteses, e contraproducente, na pior".[6] Elas não fazem nada pelo nosso coração ou pelo coração de nossas meninas. Elas terão problemas. Elas podem aprender a esperar preocupações e até mesmo ansiedade se forem inteligentes e conscientes e se inclinarem nesse sentido. Mas os especialistas concordam que a preocupação é inútil. Mais importante ainda, Jesus também concorda.

> Portanto eu lhes digo: não se preocupem com suas próprias vidas, quanto ao que comer ou beber; nem com seus próprios corpos, quanto ao que vestir. Não é a vida mais importante do que a comida, e o corpo mais importante do que a roupa? Observem as aves do céu: não semeiam nem

colhem nem armazenam em celeiros; contudo, o Pai celestial as alimenta. Não têm vocês muito mais valor do que elas? Quem de vocês, por mais que se preocupe, pode acrescentar uma hora que seja à sua vida? Portanto, não se preocupem com o amanhã, pois o amanhã se preocupará consigo mesmo. Basta a cada dia o seu próprio mal. — Mateus 6:25-27, 34

Recentemente, encontrei-me com uma criança de onze anos em sua primeira visita à Daystar. Estávamos conversando sobre diferentes sentimentos e perguntei quais eram os que ela mais sentia. Quando cheguei à preocupação, ela disse: "Eu realmente não me preocupo muito". Sinceramente, fiquei surpresa. Ela foi a primeira garota com quem conversei em meses que não se preocupava. Ela continuou dizendo: "Não há motivo para isso. Estou lendo um devocional neste momento que fala sobre preocupação. Havia dois pássaros conversando em um galho de árvore. Um deles disse ao outro: 'Você vê todas aquelas pessoas correndo lá embaixo, preocupadas?' 'Vejo', disse o outro pássaro. 'Eles não devem ter o mesmo Salvador que nós temos'".

Como já disse algumas vezes, sua filha enfrentará problemas em sua vida. Mas esses problemas realmente podem levar à esperança, especialmente quando ela aprender a viver com a expectativa de que Deus estará com ela em meio a eles. A preocupação não ajuda. A esperança sim, por meio de Cristo.

Pontos-chave a serem lembrados

As meninas de hoje têm mais expectativas, mas menos esperança do que as crianças das gerações passadas.

As expectativas das meninas são definidas não apenas por nós, que tentamos protegê-las, mas também pela cultura e pela mídia que as cercam.

Expectativas irreais estão contribuindo para o aumento vertiginoso das taxas de depressão, ansiedade e até mesmo suicídio.

Nossas vidas não são necessariamente como pensávamos que seriam quando tínhamos dezessete anos. A da sua filha também não será, mas você pode ajudá-la a encontrar um verdadeiro senso de esperança quando as expectativas dela não corresponderem à realidade.

Os "e se" são de Satanás.

Sua filha vive em uma realidade em que o medo faz parte da vida cotidiana dela.

Muitas vezes, estamos fazendo um trabalho melhor preparando as crianças para os problemas em uma escala maior do que os tipos de problemas diários que elas já enfrentam.

Não só precisamos ajudar as meninas a ter expectativas que as preparem para os problemas que são inevitáveis mas também precisamos ajudá-las a conhecer uma fé que seja transformadora em meio a eles.

O sofrimento realmente produz perseverança; a perseverança, caráter; e o caráter, esperança. Isso é bíblico e científico.

As meninas podem trocar suas expectativas irrealistas por algo muito mais duradouro: esperança.

O sofrimento pode fortalecer suas preocupações ou fortalecer seu coração.

A preocupação não ajuda. A esperança sim, por meio de Cristo. Ela pode se animar com ele mesmo em meio aos problemas.

Entendendo melhor você e sua filha

Como você, inadvertidamente, impediu sua filha de vivenciar o início de João 16:33: "Neste mundo vocês terão problemas"?

Como você vê as expectativas de sua filha impactadas pela cultura e pelas redes sociais?

Que expectativas você acha que ela tem sobre sua vida?

Que tipos de mensagem você acha que sua filha está recebendo da igreja sobre a vida? E de você sobre a vida como cristão? E quanto às suas próprias publicações nas redes sociais?

Com quais tipos de grandes medos sua filha convive hoje? Como ela está preparada para eles? Como ela se sente em relação a eles?

O quanto sua filha está preparada para enfrentar problemas pessoais?

Leia a segunda lista de expectativas. Quais delas sua filha precisa ouvir? O que você acrescentaria à lista?

Como você viu os problemas impactarem a vida de sua filha para o bem? Converse com ela sobre o sofrimento que acabou levando à esperança e explique cada passo ao longo do caminho: sofrimento, perseverança, caráter e esperança. Se ela tiver dificuldade de ver esses elementos em sua experiência, diga-lhe como você viu cada um deles na vida dela, como resultado de problemas.

CAPÍTULO 8
TENHA CORAGEM

> Neste mundo vocês terão aflições; contudo, tenham ânimo! Eu venci o mundo. — João 16:33

No livro de atividades para meninas do ensino fundamental, *Braver, Stronger, Smarter: a Girl's Guide to Overcoming Worry*, escrevo muito sobre minha cadela, Lucy. Ela é adorável, devo dizer. Tem aconselhado crianças todos os dias comigo há dez anos. Ela é o epítome da citação de Shakespeare, "Embora seja pequena, ela é feroz",[1] uma feroz mistura de havanesa preta, branca e cinza de oito quilos.

Dei o nome de Lucy em homenagem à minha personagem favorita de *As crônicas de Nárnia*. Inspirei-me em uma cena específica do filme *As crônicas de Nárnia: príncipe Caspian*, logo depois que Lucy diz ao grande Leão, Aslam: "Eu gostaria de ser mais corajosa". Sua resposta, bem no estilo de Aslam? "Se você fosse mais corajosa, seria uma leoa." A cena muda para todo o exército telmarino em um lado de uma vasta ponte. Do outro lado, Lucy avança sozinha. De dentro de suas roupas, ela saca o menor punhal de uma faca — uma pequena faca para derrotar todo o exército telmarino. E então Aslam, uma figura de Cristo, caminha silenciosa e galantemente ao lado de Lucy, e fica claro que ela se encoraja.[2]

A raiz grega da palavra *coração* em João 16:33 significa "andar com coragem, ousadia e confiança".[3] Minha pequena Lucy também faz isso. Ela enfrenta todos os cães de todos os tamanhos que encontramos, ou tenta. Lucy se encoraja. Ambas as Lucys o fazem. E queremos ensinar sua filha a fazer o mesmo.

A grande vantagem de se ter um coração é que não é realmente o nosso coração que importa. É o de Deus. Seu amor nos dá coragem e confiança. Quando enfrentarmos problemas, Aslam (Deus) caminhará ao nosso lado. E à nossa frente. Você pode ter esperança no coração de sua filha por causa do amor dele.

O coração de Deus também traz consigo quatro ferramentas essenciais em sua luta contra o Monstro da Preocupação. Na verdade, elas são mais do que ferramentas. Eu as chamaria de pedras angulares. Assim como o sofrimento leva à perseverança, que leva ao caráter, que leva à esperança, quando se trata de preocupação, a confiança leva à paciência, que leva à paz, que leva à gratidão. Decidimos confiar. Oramos por paciência. Abrimos espaço para a paz. Praticamos a gratidão. Um dá lugar ao outro à medida que nos encorajamos. E essas quatro pedras angulares são suficientes para sustentar a casa que não será abalada pela preocupação.

Confiança

O escritor e teólogo Henri Nouwen disse: "Quando nos preocupamos, estamos com o coração no lugar errado".[4] Ao examinar livros sobre ansiedade e preocupação, fiquei surpresa ao encontrar muito pouco escrito sobre fé. Ou, pelo menos, muito pouco sobre a interseção da fé com ferramentas boas e práticas para ajudar. Precisamos muito de ambos. Queremos que nossa fé informe todos os aspectos de nossa vida, inclusive, e talvez especialmente, nossas preocupações. Precisamos e queremos ferramentas práticas para combater o Monstro da Preocupação. Mas precisamos de mais do que ferramentas. Precisamos de pedras angulares. A pedra fundamental mais importante é a confiança.

Durante anos, Melissa disse às crianças de Hopetown: "A confiança é o antídoto para a ansiedade". Desenvolver a confiança é nosso ponto de partida no aconselhamento. Foi com isso que Lucy entrou na ponte — confiava em Aslam muito mais do que na pequena faca que carregava em sua mão. As facas ajudam, mas simplesmente não são suficientes para derrotar um exército de telmarinos ou o Monstro da Preocupação.

Na paráfrase bíblica traduzida na *A mensagem*, as palavras de Jesus para uma de nossas preocupadas favoritas, em Lucas 10:41-42, são: "Ele respondeu: 'Minha querida Marta, você está fazendo tempestade em copo d'água. Está se preocupando à toa. Só uma coisa importa, e Maria a escolheu.'". É claro que sua irmã, Maria, havia escolhido sentar-se aos pés de Jesus, para confiar a ele seu tempo e seu coração.

Assim como aconteceu com Marta, é fácil nos irritarmos por nada e esquecermos de confiar. Confiar, para você, pode significar acreditar que Deus está com sua filha neste momento, que ele a ajudará a superar os problemas que ela está enfrentando na escola ou com os amigos. Que ele lhe deu a coragem de que ela precisa para superar até mesmo as piores preocupações. Confiança para ela pode significar assumir sua coragem mesmo quando estiver com medo, lembrando que Deus cuidou dela até agora.

A capacidade da ansiedade de obscurecer a memória não é apenas um problema da mente, mas também do coração. Sua filha terá dificuldade para se lembrar de como foi corajosa no passado. Ela também esquecerá a fidelidade de Deus. Receio que também estejamos propensos a nos esquecer.

*

Em 2018, tive a honra de participar do que é conhecido como a Conferência de Pastores da Selva. Foi no meio da selva brasileira, no rio

Amazonas. Se você usasse o Google Earth para encontrar nossa localização, ele daria um zoom em árvores, muitas e muitas árvores, até finalmente encontrar um ponto minúsculo e limpo na margem do rio. Os pastores da região e seus cônjuges viajaram durante dias em barcos de fundo chato e canoas para chegar a essa conferência organizada por uma instituição que adoro chamada Justice & Mercy International [Justiça e Misericórdia Internacional, em tradução livre].

Durante a conferência, os pastores e seus cônjuges ouvem uma variedade de pastores, palestrantes e professores da Bíblia talentosos. Eles adoram e oram juntos e se reúnem com uma equipe da JMI para falar sobre as necessidades de suas aldeias e como a organização pode ajudar e orar por elas. Não é preciso dizer que fiquei impressionada não apenas com suas histórias, mas também com sua confiança. Também fiquei impressionada com o fato de muitos terem falado sobre depressão entre as pessoas de seus vilarejos, mas nenhum dos que conversei falou sobre ansiedade.

Pastor após pastor contou histórias sobre as enchentes que ocorrem em seus vilarejos. Quando vivem ao longo do rio, suas casas e igrejas são inundadas e destruídas regularmente. Eles ficam sem casa e com pouca comida. Um pastor comentou que entra no prédio de sua igreja todos os domingos com seu facão e tira as cobras para que os membros da igreja possam entrar com segurança no local. Para mim, isso exige *muita* confiança.

Um pastor e sua esposa contaram outra história. Quando nos sentamos para conversar, eles disseram que haviam viajado cinco dias de barco para vir à conferência. Eles tinham quatro filhos, com idades entre cinco e vinte anos, que haviam deixado em casa. "Sabíamos que Deus havia nos chamado aqui... para aprender mais sobre como poderíamos cuidar das pessoas em nossa igreja e vila", disse o pastor.

"Queremos ser as mãos e os pés de Jesus para eles. Mas tivemos que deixar nossos filhos sozinhos para vir. Não tínhamos nenhuma família para ajudar. E eles não tinham comida." Sua esposa interveio calmamente naquele momento: "Mas acreditamos que Deus está cuidando deles enquanto estamos fora. Na verdade, sei que ele está cuidando deles agora mesmo". Sua crença não era como a nossa. Ela não precisava de repetidas mensagens de "estamos bem" de sua família para confiar plenamente em Deus. Ela havia aprendido por experiência própria que ele cuida de seus filhos — e dela.

As palavras dessa mulher eram simples, mas o coração e a confiança por trás delas não eram. Eu me arriscaria a dizer que muitos de nós nos Estados Unidos nunca experimentamos esse tipo de confiança em Deus porque nunca tivemos de fazê-lo. Henri Nouwen diz: "O início da vida espiritual costuma ser difícil não apenas porque os poderes que nos levam a nos preocupar são muito fortes, mas também porque a presença do Espírito de Deus parece quase imperceptível".[5] Para esse pastor e sua esposa, o Espírito de Deus era profundamente perceptível. Eles confiavam em seu Espírito, em sua provisão e em seu amor. Eles se lembraram de sua fidelidade em tempos passados. Acredito que eles não viviam ansiosos por causa de sua imensa confiança. Muitas vezes, vivemos ansiosos por causa de nossa falta de confiança. Não é que não consigamos ver seu Espírito porque ele mal está presente. É que não vemos o Espírito porque nossos olhos estão mais fixos em nossa preocupação do que em nossa confiança.

Como você pode ajudar sua filha a fixar os olhos em algo diferente? Como você pode fixar os seus? Como podemos nos lembrar da fidelidade de Deus de uma forma que aumente nossa confiança no futuro? Em seu coração por nós? Aqui estão algumas sugestões práticas:

1. *Construa seu próprio "Ebenézer familiar".* Crie um lugar onde você possa construir um tipo de monumento com pequenas pedras, fazendo referência a 1Samuel 7:12, onde "Então Samuel pegou uma pedra e a ergueu entre Mispá e Sem; e deu-lhe o nome de Ebenézer, dizendo: 'Até aqui o Senhor nos ajudou'". Uma vez por mês, ou de vez em quando, voltem a esse monumento e coloquem novas pedras para se lembrarem da fidelidade de Deus em certas ocasiões, nomeando-as em voz alta juntos.

2. *Conte histórias sobre confiança.* Ensine seus filhos sobre Abraão e várias pessoas da Bíblia que confiaram em Deus. Converse sobre as histórias, pedindo à sua filha que se imagine como participante. O que ela teria sentido? O que ela acha que aquela pessoa estava sentindo? Por que elas estariam dispostas a confiar em Deus naquele momento? Como a confiança mudou as coisas para elas?

3. *Leia livros e cante músicas sobre confiança. Livro de histórias bíblicas de Jesus: todas as histórias sussurram seu nome*, de Sally Lloyd-Jones, *Jesus Calling: 365 Devotions for Kids* [O chamado de Jesus: 365 devocionais para crianças, em tradução livre], de Sarah Young, e *Love Does for Kids* [O amor faz para crianças, em tradução livre], de Bob Goff e Lindsey Goff Viducich, são todos livros que podem servir como lembretes da fidelidade de Deus em tempos difíceis. Ouça o álbum infantil de Ellie Holcomb, *Sing* [Cante, em tradução livre]. *Rain for Roots* também tem vários álbuns, e cada um deles tem músicas específicas que fazem referência à confiança em caso de preocupação. Para crianças mais velhas, a música de adoração pode ser uma professora incrível e um lembrete da fidelidade e da proximidade de Deus para com elas. Uma garota que aconselho atualmente perdeu um dos pais e pratica caligrafia com as letras das

músicas de adoração, apenas para se lembrar do significado delas quando se sente triste ou ansiosa.

4. *Faça referência à confiança em conversas diárias sobre sua própria vida.* Comentários como "Estou tendo dificuldades com _____, mas confio que Deus está cuidando de mim" podem servir como um lembrete da importância fundamental da confiança. Fale como se você também se lembrasse da fidelidade dele. Relembre momentos do passado em que ele o atendeu e demonstrou seu amor.

5. *Dê um exemplo do que é confiança no que se refere à sua própria preocupação.* Não podemos pedir aos filhos para irem a algum lugar que não estejamos dispostos a ir nós mesmos. Se seus filhos olhassem para você como um modelo de como é confiar em Deus com as coisas que os preocupam, o que eles veriam? O que você gostaria de fazer diferente?

Mas ainda há muito mais. Continuamos a expressar nosso louvor, mesmo que estejamos cheios de problemas, porque sabemos que os problemas podem desenvolver em nós paciência e como a paciência, por sua vez, forja o aço temperado da virtude, mantendo-nos atentos quanto ao que Deus pretende fazer; desse modo, passamos a ter esperança. Com essa expectativa, jamais nos sentiremos enganados. A verdade é que nem temos como reunir todas as vasilhas necessárias para encher com tudo que Deus generosamente derrama sobre nossa vida, por meio do Espírito Santo! — Romanos 5:3-5 (*A mensagem*)

"Continuamos a expressar nosso louvor, mesmo que estejamos cheios de problemas" soa muito como confiança para mim. A confiança, nesse sentido, é o antídoto para a ansiedade. Não podemos ficar ansiosos e confiar ao mesmo tempo. Confiamos quando nos lembramos da fidelidade de Deus. Confiamos quando acreditamos que sua fidelidade não só impactou nosso passado mas também nosso futuro. Em ambos os casos, não há necessidade de preocupação. Confiamos porque sabemos como os problemas desenvolvem em nós uma paciência apaixonada.

Sua filha precisa que você se lembre de exemplos da fidelidade de Deus na vida dela e na sua. Ela precisa que você seja sua memória quando ela se esquecer e que a lembre. E ela precisa que você viva essa confiança com uma paciência apaixonada enquanto esperam por tudo o que Deus está generosamente derramando na vida de vocês dois.

Paciência

"Acima de tudo, confie na lenta obra de Deus."

Um poema que encontrei recentemente começa com estas palavras.[6] Como está sua confiança na lenta obra de Deus atualmente? Acho que a parte lenta é honestamente o que me impede de confiar na maioria das vezes. A obra de Deus é lenta — lenta demais em muitos dias, considerando meu tempo. Meu pastor e amigo, Danny, fala sobre como a velocidade de Deus é mais parecida com oito quilômetros por hora, enquanto nós vivemos a oitenta. A oito quilômetros por hora, leva-se muito tempo para chegar a algum lugar. Mas com certeza você vê mais durante o processo.

Sim, a obra de Deus é lenta. A paciência nos ajuda a desacelerar e a confiar nesse trabalho. A preocupação, por outro lado, acelera tudo. Nosso corpo entra em alta velocidade com o sistema nervoso simpático. Nossa mente se acelera e nossos pensamentos giram na montanha-russa de um looping. E nosso coração, então, corre à frente de Deus. Nesse processo, deixamos de ter coragem. Deixamos de confiar. As perguntas, por sua vez, passam de "e se...?" para "por que ele não...?". Às vezes, a resposta é que ele simplesmente ainda não o fez.

Como tenho certeza de que você já ouviu, *"não temas"* é uma das frases mais usadas na Bíblia. Outra é simplesmente a palavra *esperar*. Do Novo Testamento ao Antigo, *esperar* traz consigo muitos significados.

As palavras hebraicas para *esperar* (e há várias) transmitem mensagens como "unir", "olhar pacientemente", "demorar", "esperar, aguardar, olhar ansiosamente", "descansar", "ficar quieto", "aceitar", "receber".[7]

> Salmos 130:5-6 diz: "Espero no Senhor com todo o meu ser, e na sua palavra ponho a minha esperança. Espero pelo Senhor mais do que as sentinelas pela manhã; sim, mais do que as sentinelas esperam pela manhã!" (NVI).

Nos tempos do Antigo Testamento, o vigia tinha de ficar de olho na cidade ou nos rebanhos até o amanhecer. E, embora eu imagine que a manhã às vezes demorava a chegar, ela sempre chegava. Ele esperava com paciência e com confiança no sol.

A espera sempre envolve a passagem do tempo

As guerras de sua filha contra a preocupação exigirão paciência. Será necessário tempo para construir a voz e a coragem dela. Falamos anteriormente sobre permitir que sua filha permaneça na situação que provocou a ansiedade de quinze a vinte minutos, até que os sentimentos iniciais de medo passem. Esses pequenos momentos exigirão paciência de sua parte. Mas ela também precisará de paciência em um sentido mais amplo. Todo o processo de luta contra o Monstro da Preocupação será, às vezes, como esperar o nascer do sol.

É provável que já tenha parecido demorado demais para você, que é um adulto que a ama. Você quer que ela se sinta melhor, que não se sinta prejudicada por sua ansiedade. Ela quer a mesma coisa. Ela chegará lá. A paciência, não apenas no processo, mas em Deus, à medida que ele aumenta a força dela, é uma das partes mais importantes para que ela aprenda o que significa ter coragem.

A espera envolve uma expectativa confiante

> Como diz Salmos 27:14: "Espere no Senhor. Seja forte! Coragem! Espere no Senhor" (NVI).

O sol sempre nasce. A espera envolve a expectativa confiante de que Deus é capaz de fazer imensamente mais do que sua filha pode pedir ou imaginar, de acordo com o seu poder operando nela (Efésios 3:20). Ela precisa de lembretes desse poder e de que Deus está agindo em sua espera. Ela provavelmente não verá ou sentirá isso. Ainda não teve as experiências de vida que podem nos ensinar a acreditar nesse tipo de confiança. Ela é a sua sentinela em treinamento. Ela precisa que você a leve para a colina com você, lembrando-a de que a manhã chegará... que os sons não são de intrusos, mas de grilos. Ela precisa sentar-se com você enquanto vocês olham juntos para ver os primeiros lampejos do amanhecer. Ela precisa que você espere com ela e, às vezes, por ela quando a noite parecer longa. Deus está fortalecendo seu coração nesse processo e ampliando muito mais nela.

A espera traz crescimento

Eu já disse que esperar é difícil para mim? Não sou uma pessoa paciente. Acho que muitos de nós, pessoas do Tipo A, não somos. Fazemos as coisas acontecerem, em vez de esperar que elas aconteçam. Talvez seja por isso que Romanos 8 é um dos meus capítulos favoritos de todos os tempos da Bíblia, especialmente a parte que fala sobre se sentir grandioso na espera.

É por isso que esperar não nos diminui, assim como a espera não diminui a gestante. Na verdade, é uma espera que nos faz sentir grandiosos. Naturalmente, não vemos o que nos causa isso. Mas, quanto mais esperamos, mais nos sentimos assim, e mais alegre se torna nossa expectativa. Se em algum momento nos cansamos de esperar, o Espírito de Deus está ao nosso lado, nos dando aquela força. — Romanos 8:24-26 (*A mensagem*)

Quando nos preocupamos, vivemos no imediato. Queremos conforto e segurança, e queremos isso agora mesmo. Essa passagem nos lembra que, quando esperamos, coisas boas acontecem. Deus está engrandecendo sua filha na espera. Ele também está engrandecendo você. Ele está aumentando a força dela à medida que ela tem paciência. Ele a está tornando mais corajosa, mais forte e mais inteligente. Ela, mais uma vez, ainda não sabe que isso é verdade. Tudo o que sabe é que ainda está ouvindo a voz do Monstro da Preocupação... ainda está sofrendo... ainda não é quem quer ser. Ela precisa de sua ajuda e de seus lembretes.

1. *Cultivem algo juntos.* Plante uma árvore ou até mesmo um bulbo de flor. Observe. Fale sobre isso regularmente. Lembre-a de que Deus está fazendo algo com essa semente para que ela cresça e se torne muito mais do que é atualmente.

2. *Fale com frequência sobre as coisas que você acredita que Deus está fazendo crescer nela.* Aponte-as para ela. Pergunte a ela o que acredita que ele possa estar fazendo crescer também.

3. *Dê a ela coisas pelas quais esperar.* Encontrei-me hoje com uma menina que tem de esperar até os doze anos para colocar piercing em suas orelhas. O que sua filha está esperando? A espera desenvolve o músculo da paciência e a ajuda a aprender que coisas boas acontecem nesse meio tempo.

4. *Faça um experimento de direção.* Dirija por uma rua tranquila no limite de velocidade. Pergunte a ela o que ela percebe. Dirija pela mesma rua bem mais devagar. O que ela vê agora que não via antes? Fale sobre como diminuir a velocidade nos ajuda a ver mais coisas na vida.

5. *Fale sobre algo que cada um de vocês está esperando ansiosamente.*

Paz

Quando estava pesquisando sobre preocupação, uma das coisas que li foi a importância de ser uma "presença não ansiosa" na vida de seu filho.[8] Aqui estão as diretrizes de Stixrud e Johnson para ser uma presença não ansiosa:

1. Faça da diversão de seus filhos sua principal prioridade como pai ou mãe.
2. Não tenha medo do futuro.
3. Comprometa-se com seu próprio controle do estresse.
4. Faça as pazes com seus piores medos.
5. Adote uma atitude de aceitação sem julgamentos.[9]

Acredito que cada uma dessas ideias é boa e importante — e quase impossível sem fé. Como podemos fazer as pazes com nossos piores medos sem confiança? Como podemos evitar o medo do futuro? Isso me faz lembrar da Oração da Serenidade, que começa com "Deus, conceda-me a serenidade para aceitar as coisas que não posso mudar; coragem para mudar as coisas que posso; e sabedoria para saber a diferença".[10] Deus, conceda-me _____, porque com certeza não consigo fazer isso sozinho. Nem você. E ela também não.

Clark e Beck observam: "As pessoas com problemas de ansiedade acreditam que a melhor defesa contra o pior que pode acontecer é assumir o controle".[11] Os especialistas em preocupação dizem que a melhor defesa é a aceitação. Como podemos ajudá-la e como passamos do controle para a aceitação? Acredito que a resposta está na terceira pedra angular: paz. A paz de Deus, não a nossa.

> Filipenses 4:6-7 diz: "Não andem ansiosos por coisa alguma, mas em tudo, pela oração e súplicas, e com ação de graças, apresentem seus pedidos a Deus. E a paz de Deus, que excede todo o entendimento, guardará os seus corações e as suas mentes em Cristo Jesus".

Meu autor favorito, Frederick Buechner, coloca isso da seguinte forma:

> "Em tudo", diz Paulo, [os filipenses] devem continuar orando. Não importa se é inferno ou água alta, eles devem continuar pedindo, agradecendo e, acima de tudo, continuar se tornando conhecidos. Ele não lhes promete que, como resultado, serão libertados das piores coisas, assim como o próprio Jesus não foi libertado delas. O que ele lhes promete, em vez disso, é que "a paz de Deus, que excede todo o entendimento, guardará o coração e a mente de vocês em Cristo Jesus".[12]

É possível fazer as pazes com seus piores medos. É possível ajudá-la a fazer as pazes com os dela. É disso que trata a segunda seção deste livro. Mas é a nossa fé que torna essas coisas possíveis. A confiança e a paciência conduzirão o caminho. E então oramos pela paz. Deus a concederá, no devido tempo. Ele trará paz em meio aos problemas de sua filha e em meio à sua presença confiante e não ansiosa ao lado dela.

1. *Pratique a paz.* Quando ministramos seminários para pais sobre como criar meninos e meninas, meu amigo David Thomas fala sobre a importância de um espaço neutro para os meninos. Ele afirma que os meninos, em especial, têm tanta fisicalidade em suas emoções que precisam de um espaço físico onde possam liberar essas emoções de forma construtiva. Algumas meninas também se emocionam com esse tipo de fisicalidade. Acredito que é importante que as meninas (e os meninos) tenham um lugar onde possam processar, onde possam desenhar ou escrever em um diário. Uma das minhas sugestões favoritas é fazer com que elas pisem em plástico-bolha.

Mas cada um de nós precisa de lugares para praticar habilidades de enfrentamento, para nos ajudar a sair de nossos momentos de raiva e ansiedade. Uma jovem que eu acompanho para aconselhamento atualmente chama seu espaço de "O lugar da paz". Todos nós precisamos deles e todos nós precisamos praticar a paz quando estamos nos sentindo preocupados e com tudo menos paz.

2. *Faça a Oração da Serenidade regularmente.* Deixe que ela seja uma conversa que você tenha ao redor da mesa de jantar. O que você pode mudar? Que coisas não podem ser mudadas? Do que você pode abrir mão e como sua vida seria diferente? Pratiquem juntos e façam um relatório.

3. *Crie silêncio.* Recentemente, comecei a fazer direção espiritual pela primeira vez. Se você não conhece, a definição de direção espiritual, de acordo com o autor David Benner, é: "processo de oração no qual uma pessoa que busca ajuda para cultivar um relacionamento pessoal mais profundo com Deus se reúne com outra pessoa para orar e conversar, com foco em aumentar a consciência de Deus em meio às experiências da vida e facilitar a entrega à vontade de Deus".[13] Parece complicado. Basicamente, envolve sentar-se com alguém em quem você confia e que é treinado em direção espiritual, orar, conversar e ficar quieto. É uma das coisas mais tranquilas que já fiz. Talvez seja porque sou introvertida, mas acredito que nós, como adultos, perdemos o contato com um senso de quietude e paz. E, sem dúvida, as crianças também. A paz muitas vezes começa em um silêncio atencioso. Queremos incentivar as meninas que amamos a ter tranquilidade e precisamos ir a esses lugares tranquilos com elas. Se você tem um filho mais novo, *My First Message* [Minha primeira mensagem, em tradução livre], de Eugene Peterson, é um recurso fantástico para ensinar as crianças a ler as Escrituras de forma ponderada e reflexiva. Como é para sua família ter literalmente um tempo de silêncio juntos? Ouvir no silêncio? Sente-se ao ar livre em uma tarde de domingo com sua Bíblia. Leia e depois olhe para as nuvens. Reserve uma hora para levar os livros para a varanda. Sem telas. Sem barulho. Apenas silêncio e paz. Isso requer intencionalidade e prática. Temos que abrir espaço.

4. *Lembre-se de respirar.* A respiração é importante quando o cérebro de sua filha foi sequestrado pela amígdala. Mas ela também precisa praticar a respiração intencional quando o cérebro estiver funcionando normalmente. Respirar regularmente pode redefinir

e acalmar uma amígdala hipersensível. Ela também pode desacelerar o sistema nervoso simpático, que está acostumado a funcionar a toda velocidade. Em geral, a respiração a deixa mais lenta. Isso a ajuda a ganhar perspectiva e a leva de volta a um lugar mais tranquilo e à paz de Deus, que transcende todo entendimento e guarda o coração e a mente dela (e a sua) em Cristo Jesus.

Gratidão

De acordo com uma série de estudos, a gratidão é boa para nosso corpo, cérebro e coração. Também é boa para as meninas de sua vida. Amy Morin, psicoterapeuta e autora, pesquisou vários estudos para descobrir esses importantes efeitos da gratidão:

1. **A gratidão cria oportunidades para mais relacionamentos.** Até mesmo algo tão simples como dizer "obrigado" a um novo amigo aumenta a probabilidade de ele buscar uma amizade mais profunda.

2. **A gratidão aumenta a saúde física.** As pessoas gratas não apenas relatam menos dores e sofrimentos mas também dizem que se sentem melhor fisicamente do que as outras.

3. **A gratidão fortalece a saúde psicológica.** Ela diminui o que consideramos emoções mais negativas, como arrependimento, frustração, ciúme e ressentimento, e comprovadamente aumenta a felicidade e reduz a depressão.

4. **A gratidão desenvolve a empatia e diminui a agressividade.**

5. **Pessoas gratas têm melhores hábitos de sono.**

6. **A gratidão aumenta a autoconfiança.**

7. **A gratidão aumenta a força psicológica**... e também pode ajudar a superar traumas.[14]

Além disso, Tamar Chanksy escreve que a gratidão reduz a ansiedade e o estresse.[15] A gratidão é boa para todos nós, física, psicológica e relacionalmente. Também é boa para nós espiritualmente.

Anos atrás, um pastor me disse algo que nunca esquecerei. Isso se tornou parte de nosso vernáculo em Hopetown e inicia muitas de nossas reuniões de adoração à noite: "Satanás não pode viver em um coração agradecido". Nem a preocupação, devo acrescentar. É um pouco como o princípio das demandas concorrentes e como a preocupação e a sensação de relaxamento não podem coexistir. Quando somos gratos, não podemos também ficar ansiosos.

Na semana passada, encontrei-me com uma garota do ensino médio que, por acaso, é uma cantora e compositora talentosa (sim, eu moro em Nashville). Enquanto conversávamos, ela mencionou que todas as músicas que compõe têm o que chama de *wow* (pronuncia-se "vav"). Ela me explicou que *wow* é uma letra hebraica que aparece nas últimas linhas de muitos salmos, servindo como um tipo de "gancho". Ela disse que tenta formatar sua música como esses salmos, expressando tristeza e depois lamento e, em seguida, voltando (ou enganchando) para a gratidão e a esperança todas as vezes... portanto, o *wow*. Imediatamente quis que ela compartilhasse o *wow* com as meninas de seu grupo de aconselhamento. Não tenho certeza quanto a você, mas para mim seria útil um pouco mais do *wow* regularmente. (Para se ter uma ideia de salmos com *wow*, leia os Salmos 6, 13, 22 e 43).

Naquela noite, no grupo, enquanto essa moça compartilhava verdades profundas de sua vida, juntamente com uma música, cada uma das moças falou de tristezas, mágoas ou preocupações. E todas terminaram com um *wow*, algo pelo qual se sentiram gratas em meio à emoção. Satanás não pode viver em seus corações agradecidos. E a gratidão as afasta da ansiedade. A gratidão faz com que elas se voltem, de fato, para o doador da boa dádiva pela qual são gratas.

1. *Escreva seu próprio wow.* Peça a cada membro da sua família que escreva um salmo a Deus, com todas as preocupações ou tristezas que está sentindo no momento, e termine com um *wow*. Peça-lhes que compartilhem pelo menos uma coisa pela qual são gratos no final e por quê.

2. *Inicie um diário de gratidão.* Isso também pode ser feito com toda a sua família. Várias vezes por semana, cada pessoa pode escrever dez coisas pelas quais é grata em seu diário como prática. Vocês podem compartilhá-los uns com os outros regularmente, se todos decidirem fazer isso em conjunto.

3. *Tenha um pote de gratidão.* Mantenha um pote de vidro na cozinha com papel e uma caneta por perto. Pratique escrever aleatoriamente no papel coisas pelas quais você é grato, de forma anônima, e leia-as periodicamente durante o jantar — não apenas no Dia de Ação de Graças.

4. *Peça a cada membro da família que crie um álbum de gratidão em seu celular.* David começou a fazer isso com alguns dos meninos adolescentes que ele aconselha. As crianças mais jovens podem criar álbuns de gratidão em tablets. No álbum, eles colocam fotos de pessoas e coisas que amam — fotos que lhes trarão conforto e alegria quando estiverem passando por dificuldades. Então, quando começarem a se preocupar, podem voltar ao álbum de gratidão e folhear as fotos para desviar o pensamento das preocupações e voltar para um lugar de gratidão.

Nós nos preocupamos. Sua filha se preocupa. Neste mundo, haverá problemas. Mas sempre há esperança. Sempre há um *wow*. Somos chamados a ter coragem em meio às nossas preocupações. Começamos com confiança, avançamos para a paciência, experimentamos a paz e terminamos com gratidão. É assim que nos sentimos quando há coragem. Na verdade, é assim que levamos o coração de Deus para os lugares de medo. Deus não nos deu um coração de pedra, mas um coração de carne. De esperança. E de coragem. Ele venceu o mundo. E nisso, há muito pelo que ser grato.

Pontos-chave a serem lembrados

- Em meio aos problemas, Deus nos chama a ter coragem. Ter coragem significa exercitar a coragem ousada e confiante e envolve quatro pilares: confiança, paciência, paz e gratidão.
- A confiança é o antídoto para a preocupação. Aprendemos a confiar por meio da experiência. Sua filha deixa de confiar quando se esquece da fidelidade de Deus para com ela no passado. Ela precisa que você não apenas se lembre, mas que seja a memória dela. Nenhum de nós pode ficar ansioso e confiar ao mesmo tempo.
- A obra de Deus é lenta. Quando esperamos com paciência, nossos corpos, mentes e corações desaceleram e ficamos mais aptos a ver e ouvir seu Espírito. E também somos mais capazes de confiar.
- A espera envolve a passagem do tempo e a expectativa confiante, e sempre traz crescimento. Coisas boas acontecem na espera.
- A paz vem quando ela aprende (e nós também aprendemos) a passar do controle para a aceitação. A paz é concedida por Deus e praticada por nós.
- A gratidão é boa para nós e para nossos corpos, mentes e corações. Ela também diminui a ansiedade.

- Satanás não pode viver em nosso coração agradecido.
- Comece com a confiança, avance para a paciência, experimente a paz e termine com a gratidão à medida que você aprende o que significa ter coragem.

Entendendo melhor você e sua filha

- Como você quer que a fé influencie sua preocupação? A preocupação dela? Como ela está fazendo isso agora?
- Como você viu a fidelidade de Deus na vida dela no passado? Como ela viu?
- O que está gerando mais paciência em você neste momento? O que você está esperando que Deus faça?
- Como você viu o crescimento na espera dela?
- Quando foi a última vez que você se lembrou da paz em sua casa? E em sua filha? Como seria orar e incorporar mais paz em sua vida diária?
- Como você percebe a gratidão afetando sua vida? A dela? Quais são as cinco coisas pelas quais cada um de vocês é grato neste momento?
- Como cada um de vocês pode levar o coração para os lugares de dificuldade em sua vida hoje?

CAPÍTULO 9
VENCEDORA

Às vezes, quando as meninas se preocupam, peço a elas que escolham uma música de luta. Elas podem ouvir a música quando estiverem a caminho de uma festa de aniversário, para fazer uma prova ou qualquer coisa com a qual se sintam preocupadas. As meninas escolheram músicas como "Brave", de Sara Bareilles, "Roar", de Katy Perry, e uma das minhas favoritas, "Overcomer", de Mandisa.

Então, aqui estamos. Capítulo final. Rodada final. Sua menina está aprendendo o que significa vencer aquele velho e malvado Monstro da Preocupação. Ela chegou até aqui, o que significa que você também é um vencedor. Durante toda essa luta, ela precisa que você fale a verdade para ela. Ontem à noite, quando eu estava começando este último capítulo, perguntei a meninas do ensino médio o que as faz se sentirem mais corajosas. Suas respostas foram as seguintes:

- "Quando as pessoas que amo me lembram das coisas boas que fiz."
- "Quando eu saio da minha zona de conforto e me envolvo em mais coisas."
- "Quando estou perto de pessoas que me fazem sentir bem, como minha família."
- "Quando faço algo corajoso, como tentar participar de uma peça."
- "Quando leio minha Bíblia".
- "Quando falo com Deus ou com meus pais."
- "Quando alguém em quem confio me lembra que isso não vai ser assim para sempre."

- "Quando me lembro de que não preciso ser perfeito e simplesmente tento."
- "Quando eu me lembrar de não falar de mim."
- "Quando faço o que estou preocupado em fazer."
- "Quando as pessoas que me amam me lembram que eu sou capaz."
- "Quando meus pais e amigos percebem o quanto estou me esforçando."
- "Quando minha mãe ou meu pai me dizem que estou fazendo um bom trabalho."
- "Quando meus pais me ouvem e tentam entender como me sinto."

Muitas das respostas delas têm a ver com você. Especialmente quando você as ouve, as incentiva e as lembra de quem elas são de verdade.

Aqui está a verdade sobre sua menina.

Ela é corajosa, porque Deus lhe deu coragem.

> Sejam fortes e corajosos. Não tenham medo nem fiquem apavorados por causa deles, pois o Senhor, o seu Deus, vai com vocês; nunca os deixará, nunca os abandonará. — Deuteronômio 31:6
>
> Quando clamei, tu me respondeste; deste-me força e coragem. — Salmos 138:3
>
> Não temerá más notícias; seu coração está firme, confiante no Senhor. O seu coração está seguro e nada temerá. — Salmos 112:7-8
>
> Podemos, pois, dizer com confiança: "O Senhor é o meu ajudador, não temerei. O que me podem fazer os homens?" — Hebreus 13:6

E esta passagem parece particularmente comovente à luz do trabalho que sua filha tem feito:

E acrescentou: "Seja forte e corajoso! Mãos ao trabalho! Não tenha medo nem se desanime, pois Deus, o Senhor, o meu Deus, está com você. Ele não o deixará nem o abandonará até que se termine toda a construção do templo do Senhor [ou a luta contra o Monstro da Preocupação]". — 1Crônicas 28:20

Ela é forte, porque Deus lhe deu sua força.

Deus é o nosso refúgio e a nossa fortaleza, auxílio sempre presente na adversidade. Por isso não temeremos, embora a terra trema e os montes afundem no coração do mar, embora estrondem as suas águas turbulentas e os montes sejam sacudidos pela sua fúria. — Salmos 46:1-3

Por isso não tema, pois estou com você; não tenha medo, pois sou o seu Deus. Eu o fortalecerei e o ajudarei; Eu o segurarei com a minha mão direita vitoriosa. — Isaías 41:10

O Senhor é a minha força e a minha canção; ele é a minha salvação! — Êxodo 15:2

O Senhor é a minha luz e a minha salvação; de quem terei temor? O Senhor é o meu forte refúgio; de quem terei medo? Quando homens maus [ou Monstros da Preocupação] avançarem contra mim para destruir-me, eles, meus inimigos e meus adversários, é que tropeçarão e cairão. Ainda que um exército se acampe contra mim, meu coração não temerá. — Salmos 27:1-3

Tudo posso naquele que me fortalece. — Filipenses 4:13

Ela é inteligente, porque Deus lhe deu sabedoria.

Pois Deus não nos deu espírito de covardia, mas de poder, de amor e de equilíbrio. — 2Timóteo 1:7

Pois o Senhor é quem dá sabedoria; de sua boca procedem o conhecimento e o discernimento. — Provérbios 2:6

Ele será o firme fundamento nos tempos a que você pertence, uma grande riqueza de salvação, sabedoria e conhecimento. — Isaías 33:6

Pois a sabedoria entrará em seu coração, e o conhecimento será agradável à sua alma. — Provérbios 2:10

E o encheu do Espírito de Deus, dando-lhe destreza, habilidade e plena capacidade artística. — Êxodo 35:31

Eu te agradeço e te louvo, ó Deus dos meus antepassados; tu me deste sabedoria e poder, e me revelaste o que te pedimos. — Daniel 2:23

Ela é mais amada do que imagina. Por você. Por Deus.

No amor não há medo; pelo contrário, o perfeito amor expulsa o medo. — 1João 4:18

Pois vocês não receberam um espírito que os escravize para novamente temer, mas receberam o Espírito que os adota como filhos, por meio do qual clamamos: "Aba, Pai". — Romanos 8:15

Vejam como é grande o amor que o Pai nos concedeu: que fôssemos chamados filhos de Deus, o que de fato somos! — 1João 3:1

O Senhor lhe apareceu no passado, dizendo: "Eu a amei com amor eterno; com amor leal a atrai". — Jeremias 31:3

Tudo sofre, tudo crê, tudo espera, tudo suporta. O amor nunca perece. — 1Coríntios 13:7-8

Acham que alguém será capaz de levantar uma barreira entre nós e o amor de Cristo por nós? Não há como! Nem problemas, nem tempos

> difíceis, nem ódio, nem fome, nem desamparo, nem ameaças de poderosos, nem punhaladas nas costas, nem mesmo os piores pecados listados nas Escrituras: eles nos matam a sangue frio, porque odeiam a ti. Somos vítimas fáceis: eles nos pegam, um a um. Nada disso nos intimida, porque Jesus nos ama. Estou convencido de que nada — vivo ou morto, angelical ou demoníaco, atual ou futuro, alto ou baixo, pensável ou impensável —, absolutamente nada pode se intrometer entre nós e o amor de Deus, quando vemos o modo com que Jesus, nosso Senhor, nos acolheu. — Romanos 8:35-39 (*A mensagem*)

Ela pode descansar nas promessas de Deus.

> O Senhor lutará por vocês; tão somente acalmem-se. — Êxodo 14:14

Quero voltar às palavras de Melissa no capítulo 7: "Não estou certa de quem lhe disse que a vida não seria difícil".

Se você se perguntou onde ela foi parar com essa conversa, posso dizer que foi uma das minhas favoritas na história de Hopetown. Quero compartilhar o restante do discurso com você para que possa compartilhá-lo com a menina que você ama. Ou, pelo menos, você pode compartilhar o impacto das promessas de Deus na vida dela.

Melissa continuou dizendo às crianças: "Vocês vão sentir dor. Há luz e escuridão, dentro e fora de vocês. Mas há uma promessa. Deus o manterá seguro. Ele vai lhe dar um banquete, um novo nome, um lugar no desfile da vitória e uma posição permanente de honra e um assento ao lado de Jesus na mesa principal. Sempre há uma promessa".

Há dor, mas sempre há uma promessa. É com base nisso que vivemos neste mundo de problemas. É por isso que podemos nos animar e ter esperança. É por isso que sua filha pode fazer o mesmo. Ela terá problemas, mas ele venceu o mundo.

Anne Lamott diz: "As pessoas dizem que não é possível ter fé e medo ao mesmo tempo. Mas é possível. Eu sou o exemplo número um. Prefiro pensar que a coragem é o medo que fez suas orações".[1]

A coragem não é apenas o medo que fez suas orações, mas a coragem sabe que suas orações já foram respondidas — mesmo que ainda não consiga ver a resposta. Estou preocupada com as mensagens que algumas pessoas estão ouvindo sobre ansiedade. David Clark e Aaron Beck dizem: "O problema com a preocupação é que ela sempre se refere a acontecimentos futuros, e ninguém pode conhecer o futuro. Portanto, o desejo de segurança e certeza é inútil".[2]

Não acredito que isso seja verdade. Há segurança e certeza por causa das promessas de Deus. Sabemos quem conhece o futuro. De fato, não sabemos apenas quem. Nós o conhecemos. E ele lutará por nós. Ele já o fez.

*

No verão passado, inventamos uma palavra com nossos alunos da quinta e sexta séries. Na verdade, foi Melissa que inventou: "Deus-fiança". Estávamos falando sobre autoconfiança e sobre o fato de que nenhum de nós tem muita. *A mensagem* parafraseia 1Coríntios 10:12 como: "Podem fracassar tão facilmente como qualquer um". (Parece muito com "Neste mundo vocês terão problemas", não é?) O versículo continua: "Nada de confiar em vocês mesmos. Isso é inútil! Mantenham a confiança em Deus".

Ou Deus-fiança.

Podemos ter Deus-fiança nele — em nosso futuro — por causa dele. Sua filha pode ter Deus-fiança em sua luta contra o Monstro da

Preocupação. A ansiedade não tem o poder de defini-la. Deus lutará e já lutou por ela. Ela pode fazer o trabalho com suas ferramentas. Mas ele é a pedra angular de uma casa que não pode ser abalada pela preocupação. Ela pode fazer todas as coisas por meio de Cristo, que a fortalece (Filipenses 4:13). Ele venceu o mundo e todos os Monstros de Preocupação que já existiram ou existirão. E é exatamente por isso que todos nós podemos nos encorajar. Você está ao lado dela. Sempre há uma promessa. E sempre há esperança. Ela pode fazer isso. E você também pode.

Pontos-chave a serem lembrados

As meninas se sentem mais corajosas quando alguém que elas amam as lembra quem elas são de verdade.

Ela é vencedora porque ele venceu o mundo.

Ela é corajosa, inteligente, forte e mais amada do que imagina. E há muitas Escrituras que comprovam isso.

Ela também pode descansar nas promessas de Deus. Há problemas. Mas sempre há uma promessa.

A coragem é o medo que fez suas orações e sabe que elas foram atendidas.

Cristo venceu o mundo e todos os Monstros de Preocupação que já existiram. Sempre há esperança.

Entendendo melhor você e sua filha

Que verdades você pode lembrar à sua filha hoje? Como você pode incentivá-la?

Qual desses versículos você acha que ela mais precisa ouvir?

De que promessas você quer que ela se lembre?

Como você pode lembrá-la hoje de que Jesus venceu o mundo e o Monstro da Preocupação dela também?

Como vocês poderiam incorporar um pouco mais de Deus-fiança em suas vidas?

Neste livro, falo muito sobre como a gratidão e a ansiedade têm uma relação inversa. Qualquer ansiedade que eu tenha deve estar completamente submergida em decorrência da bondade, da gentileza e da torcida deste grupo de pessoas.

AGRADECIMENTOS

Amy Cato e Amanda Young, eu não saberia para onde viajar, o que dizer ou para onde ir se não fosse pela sabedoria, praticidade e compaixão de vocês duas. Obrigada por sempre me guiarem na direção certa.

Jeff Braun, obrigada por dar início a esta festa livre de preocupações. Deus o inspirou, e acredito que ele o usará para mudar muitas vidas — inclusive a minha.

NOTAS

Introdução

1. Dr. Tamar Chansky, "Welcome to Worrywisekids" [Bem-vindo a Worrywisekids, em tradução livre], *WorryWiseKids.org*, The Children's and Adult Center for OCD and Anxiety [Centro Infantil e Adulto para TOC e Ansiedade, em tradução livre], acessado em 25 de abril de 2019, https://worrywisekids.org/.

2. *Raising Boys and Girls,* acessado em 24 de abril de 2019, https://www.raisingboysandgirls.com/.

Capítulo 1: Definindo a preocupação

1. Jena E. Pincott, "Wicked Thoughts" [Pensamentos perversos, em tradução livre], *Psychology Today*, 1 de setembro de 2015, https://www.psychologytoday.com/us/articles/201509/wicked-thoughts.

Capítulo 2: Por que ela?

1. Dra. Tamar Chansky, "Welcome to Worrywisekids", *WorryWiseKids.org*, The Children's and Adult Center for OCD and Anxiety, acessado em 25 de abril de 2019, http://www.worrywisekids.org.

2. Allison Edwards, *Why Smart Kids Worry: and What Parents Can Do to Help* [Por que crianças inteligentes se preocupam: e o que pais podem fazer para ajudar, em tradução livre] (Naperville, IL: Sourcebooks, 2013).

3. Edwards, *Why Smart Kids Worry: and What Parents Can Do to Help*.

4. Tamar E. Chansky, *Freeing Your Child from Anxiety: Practical Strategies to Overcome Fears, Worries, and Phobias and Be Prepared for Life* [Libertando seu filho da ansiedade: estratégias práticas para superar medos, preocupações e fobias e estar preparado para a vida, em tradução livre], ed. rev. e atualizada (Nova York: Harmony Books, 2014), 56.

5. Bridget Flynn Walker, *Anxiety Relief for Kids: On-the-Spot Strategies to Help Your Child Overcome Worry, Panic & Avoidance* [Alívio da ansiedade para crianças: estratégias imediatas para ajudar seu filho a superar a preocupação, o pânico e a evitação, em tradução livre] (Oakland, CA: New Harbinger Publications, Inc., 2017), 8.

6. Chansky, *Freeing Your Child from Anxiety: Practical Strategies to Overcome Fears, Worries, and Phobias and Be Prepared for Life*, 8.

7. William Stixrud e Ned Johnson, *The Self-Driven Child: The Science and Sense of Giving Your Kids More Control over Their Lives* [A criança autodirigida: a ciência e o sentido de dar aos seus filhos mais controle sobre suas vidas, em tradução livre] (Nova York: Viking, 2018), 8.

8. Stixrud e Johnson, *The Self-Driven Child: The Science and Sense of Giving Your Kids More Control over Their Lives*, 2.

9. Reid Wilson e Lynn Lyons, *Anxious Kids, Anxious Parents: 7 Ways to Stop the Worry Cycle and Raise Courageous and Independent Children* [Crianças ansiosas, pais ansiosos: 7 maneiras de interromper o ciclo de preocupação e criar filhos corajosos e independentes, em tradução livre] (Deerfield Beach, FL: Health Communications, Inc., 2013), 17.

10. Perri Klass, "How to Help a Child with an Anxiety Disorder" [Como ajudar uma criança com transtorno de ansiedade, em tradução livre], *New York Times*, 1 de outubro de 2018, https://www.nytimes.com/2018/10/01/well/family/how-to-help-a-child-with-an-anxiety-disorder.html.

11. "Any Anxiety Disorder" [Qualquer transtorno de ansiedade, em tradução livre], *National Institute of Mental Health* [Instituto Nacional de Saúde Mental, em tradução livre], atualizado em novembro de 2017, https://www.nimh.nih.gov/health/statistics/any-anxiety-disorder.shtml.

12. Ron Steingard, "Mood Disorders and Teenage Girls" [Transtornos de humor e adolescentes, em tradução livre], *Child Mind Institute* [Instituto de Atenção à Criança, em tradução livre], https://childmind.org/article/mood-disorders-and-teenage-girls/.

13. Chansky, *Freeing Your Child from Anxiety: Practical Strategies to Overcome Fears, Worries, and Phobias and Be Prepared for Life*, p. 28-29.

14. Leonard Sax, *Girls on the Edge: The Four Factors Driving the New Crisis for Girls: Sexual Identity, the Cyberbubble, Obsessions, Environmental Toxins* [Meninas no limite: os quatro fatores que impulsionam a nova crise para meninas: identidade sexual, a bolha cibernética, obsessões, toxinas ambientais, em tradução livre] (Nova York: Basic Books, 2010), 7.

15. Sax, *Girls on the Edge: The Four Factors Driving the New Crisis for Girls: Sexual Identity, the Cyberbubble, Obsessions, Environmental Toxins*, 8.

16. Rachel Simmons, "Teenage Girls Are Facing Impossible Expectations" [Meninas adolescentes estão enfrentando expectativas impossíveis, em tradução livre], *CNN*, 27 de fevereiro de 2018, https://www.cnn.com/2018/02/27/opinions/girls-power-expectation-depression-opinion-simmons/index.html.

17. Edwards, *Why Smart Kids Worry: and What Parents Can Do to Help*, 116.

18. Edwards, *Why Smart Kids Worry: and What Parents Can Do to Help*, 116.

19. "Eating Disorders Facts and Statistics" [Fatos e estatísticas sobre transtornos alimentares, em tradução livre], *The Body Image Therapy Center* [Centro de Terapia de Imagem Corporal, em tradução livre], acessado em 25 de abril de 2019, https://thebodyimagecenter.com/education-awareness/eating-disorder-statistics/.

20. "Eating Disorders Facts and Statistics", https://thebodyimagecenter.com/education-awareness/eating-disorder-statistics/.

21. "Eating Disorders Facts and Statistics", https://thebodyimagecenter.com/education-awareness/eating-disorder-statistics/.

22. "Eating Disorders Facts and Statistics", https://thebodyimagecenter.com/education-awareness/eating-disorder-statistics/.

23. "Eating Disorders Facts and Statistics", https://thebodyimagecenter.com/education-awareness/eating-disorder-statistics/.

24. Heather R. Gallivan, *Teens, Social Media and Body Image* (St. Louis Park, MN: Park Nicollet Melrose Center), acessado em 25 de abril de 2019, http://www.macmh.org/wp-content/uploads/2014/05/18_Gallivan_Teens-social-media-body-image-presentation-H-Gallivan-Spring-2014.pdf.

25. Gallivan, *Teens, Social Media and Body Image* [Adolescentes, mídias sociais e imagem corporal, em tradução livre], http://www.macmh.org/wp-content/

uploads/2014/05/18_Gallivan_Teens-social-media-body-image-presentation-H-Gallivan-Spring-2014.pdf.

26. Gallivan, *Teens, Social Media and Body Image*, http://www.macmh.org/wp-content/uploads/2014/05/18_Gallivan_Teens-social-media-body-image-presentation-H-Gallivan-Spring-2014.pdf.

27. Robin Marantz Henig, "Understanding the Anxious Mind" [Compreendendo a mente ansiosa, em tradução livre], *New York Times Magazine*, 29 de setembro de 2009, https://www.nytimes.com/2009/10/04/magazine/04anxiety-t.html.

28. Chansky, *Freeing Your Child from Anxiety: Practical Strategies to Overcome Fears, Worries, and Phobias and Be Prepared for Life*, 34.

29. "Trauma", American Psychological Association [Associação Americana de Psicologia, em tradução livre], acessado em 25 de abril de 2019, https://www.apa.org/topics/trauma/.

30. Bridget Flynn Walker, *Anxiety Relief for Kids: On-the-Spot Strategies to Help Your Child Overcome Worry, Panic & Avoidance* (Oakland, CA: New Harbinger, 2017), 11.

31. Chansky, *Freeing Your Child from Anxiety: Practical Strategies to Overcome Fears, Worries, and Phobias and Be Prepared for Life*, 34.

32. Wilson e Lyons, *Anxious Kids, Anxious Parents: 7 Ways to Stop the Worry Cycle and Raise Courageous and Independent Children*, 26.

33. Wilson e Lyons, *Anxious Kids, Anxious Parents: 7 Ways to Stop the Worry Cycle and Raise Courageous and Independent Children*, 26.

34. Chansky, *Freeing Your Child from Anxiety: Practical Strategies to Overcome Fears, Worries, and Phobias and Be Prepared for Life*, 32-33.

35. Wilson e Lyons, *Anxious Kids, Anxious Parents: 7 Ways to Stop the Worry Cycle and Raise Courageous and Independent Children*, 35.

36. Carina Wolff, "If You Have These 7 Habits, You Might Have High-Functioning Anxiety"[Se você tem esses 7 hábitos, você pode ter Ansiedade de Alto Funcionamento, em tradução livre], *Bustle*, 19 de junho de 2018, https://www.bustle.com/p/if-you-have-these-7-habits-you-might-have-high-functioning-anxiety-9445027.

37. Stixrud e Johnson, *The Self-Driven Child: The Science and Sense of Giving Your Kids More Control over Their Lives*, 86.

38. Sissy Goff, David Thomas e Melissa Trevathan, *Are My Kids on Track: The 12 Emotional, Social and Spiritual Milestones Your Child Needs to Reach* [Meus filhos estão no caminho certo? Os 12 marcos emocionais, sociais e espirituais que seu filho precisa atingir, em tradução livre] (Bloomington, MN: Bethany House, 2017), 15.

39. Cathy Creswell, Monika Parkinson, Kerstin Thirlwall e Lucy Willetts, *Parent-Led CBT for Child Anxiety: Helping Parents Help Their Kids* [TCC orientada pelos pais para ansiedade infantil: ajudando os pais a ajudar seus filhos, em tradução livre] (Nova York: The Guilford Press, 2017), 42.

40. Andrea Petersen, "The Right Way for Parents to Help Anxious Children" [A maneira certa de os pais ajudarem crianças ansiosas, em tradução livre], *Wall Street Journal*, 8 de dezembro de 2017, https://www.wsj.com/articles/the-right-way-for-parents-to-help-anxious-children-1512755970.

41. Creswell *et al.*, *Parent-Led CBT for Child Anxiety: Helping Parents Help Their Kids*, p. 66-67.

42. Julie Lythcott-Haims, *How to Raise an Adult: Break Free of the Overparenting Trap and Prepare Your Kid for Success* [Como criar um adulto: liberte-se da armadilha da superproteção e prepare seu

filho para o sucesso, em tradução livre] (Nova York: St. Martin's Griffin, 2015), 89.

43. Creswell *et al.*, *Parent-Led CBT for Child Anxiety: Helping Parents Help Their Kids*, 66.

44. Stixrud e Johnson, *The Self-Driven Child: The Science and Sense of Giving Your Kids More Control over Their Lives*, 89.

45. Lythcott-Haims, *How to Raise an Adult: Break Free of the Overparenting Trap and Prepare Your Kid for Success*, 94.

46. Andrea Peterson, "The Right Way for Parents to Help Anxious Children", *Wall Street Journal*, 8 de dezembro de 2017, https://www.wsj.com/articles/the-right-way-for-parents-to-help-anxious-children-1512755970.

47. Stixrud e Johnson, *The Self-Driven Child: The Science and Sense of Giving Your Kids More Control over Their Lives*, 83.

Capítulo 3: Como isso pode ajudar?

1. Perri Klass, "Kids' Suicide-Related Hospital Visits Rise Sharply" [Visitas hospitalares de crianças relacionadas a suicídio aumentam acentuadamente, em tradução livre], *New York Times*, 16 de maio de 2018, https://www.nytimes.com/2018/05/16/well/family/suicide-adolescents-hospital.html.

2. Fiódor Dostoiévski, *Winter notes on summer impressions* [Notas de inverno sobre impressões de verão, em português], trad. David Patterson (Evanston, IL: Northwestern University Press, 1997), 49.

3. Lea Winerman, "Suppressing the 'White Bears'" [Suprimindo os ursos brancos, em tradução livre], *Monitor on Psychology*, outubro de 2011, https://www.apa.org/monitor/2011/10/unwanted-thoughts.

4. David A. Clark e Aaron T. Beck, *The Anxiety and Worry Workbook: The Cognitive Behavioral Solution* [O manual de ansiedade e preocupação: a solução cognitivo-comportamental, em tradução livre] (Nova York: The Guilford Press, 2012), 41, 51.

5. Bridget Flynn Walker, *Anxiety Relief for Kids: On-the-Spot Strategies to Help Your Child Overcome Worry, Panic & Avoidance* (Oakland, CA: New Harbinger Publications, Inc., 2017), 20.

6. Perri Klass, "How to Help a Child with an Anxiety Disorder", *New York Times*, 1 de outubro de 2018, https://www.nytimes.com/2018/10/01/well/family/how-to-help-a-child-with-an-anxiety-disorder.html.

7. Sissy Goff, David Thomas e Melissa Trevathan, *Are My Kids on Track?: The 12 Emotional, Social and Spiritual Milestones Your Child Needs to Reach* (Bloomington, MN: Bethany House, 2017), p. 105.

8. *Pooh's Grand Adventure: The Search for Christopher Robin* [A grande aventura do Ursinho Pooh: a busca por Christopher Robin, em tradução livre], 1997, escrito por Carter Crocker e Karl Geurs, distribuído pela Walt Disney Home Video, Estados Unidos.

Capítulo 4: Ajudando seu corpo

1. Cathy Creswell, Monika Parkinson, Kerstin Thirlwall e Lucy Willetts, *Parent-Led CBT for Child Anxiety: Helping Parents Help Their Kids* (Nova York: The Guilford Press, 2017), 3.

2. Kristen Domonell, "This Is Your Body on Fear" [Este é seu corpo com medo, em tradução livre], *Right as Rain*, 25 de outubro de 2017, https://rightasrain.uwmedicine.org/well/health/your-body-fear-anxiety.

3. Daniel Evans, conforme parafraseado por Domonell, "This Is Your Body on Fear".

4. David A. Clark e Aaron T. Beck, *The Anxiety and Worry Workbook: The Cognitive Behavioral Solution* (Nova York: The Guilford Press, 2012), 34.

5. Robert M. Sapolsky, "How to Relieve Stress" [Como aliviar o estresse, em tradução live], *Greater Good*, Universidade da Califórnia, Berkeley, 22 de março de 2012, https://greatergood.berkeley.edu/article/item/how_to_relieve_stress.

6. Daniel J. Siegel e Tina Payne Bryson, *The Yes Brain: How to Cultivate Courage, Curiosity, and Resilience in Your Child* [O cérebro que diz sim: como criar filhos corajosos, curiosos e resilientes, em português] (Nova York: Bantam Books, 2018), 17.

7. William Stixrud e Ned Johnson, *The Self-Driven Child: The Science and Sense of Giving Your Kids More Control over Their Lives* (Nova York: Viking, 2018), 23.

8. Reid Wilson e Lynn Lyons, *Anxious Kids, Anxious Parents: 7 Ways to Stop the Worry Cycle and Raise Courageous and Independent Children* (Deerfield Beach, FL: Health Communications, Inc., 2013), 16.

9. Denise B. Lacher, Todd Nichols, Melissa Nichols e Joanne C. May, *Connecting with Kids through Stories: Using Narratives to Facilitate Attachment in Adopted Children* [Conectando-se com crianças por meio de histórias: usando narrativas para facilitar o apego em crianças adotadas, em tradução livre], 2. ed. (Londres: Jessica Kingsley Publishers, 2012), 32.

10. Tamar E. Chansky, *Freeing Your Child from Anxiety: Practical Strategies to Overcome Fears, Worries, and Phobias and Be Prepared* *for Life*, ed. rev. e atualizada (Nova York: Harmony Books, 2014), p. 81.

11. Equipe da Mayo Clinic, "Mindfulness Exercises" [Exercícios de atenção plena, em tradução livre], *Mayo Clinic*, 17 de agosto de 2018, https://www.mayoclinic.org/healthy-lifestyle/consumer-health/in-depth/mindfulness-exercises/art-20046356.

12. Alice G. Walton, "Mindfulness Meditation May Help Treat Anxiety Disorders" [Meditação mindfulness pode ajudar a tratar transtornos de ansiedade, em tradução livre], *Forbes*, 26 de janeiro de 2017, https://www.forbes.com/sites/alicegwalton/2017/01/26/mindfulness-meditation-may-help-treat-anxiety-disorders/#3d12473b12ad.

13. Dawn Huebner, *What to Do When You Worry Too Much: A Kid's Guide to Overcoming Anxiety* [O que fazer quando você se preocupa demais: um guia infantil para superar a ansiedade, em tradução livre] (Washington, D.C.: Magination Press, 2006), 5.

14. David Rock, "Announcing the Healthy Mind Platter" [Anunciando o prato da mente saudável, em tradução livre], *Psychology Today*, 2 de junho de 2011, https://www.psychologytoday.com/us/blog/your-brain-work/201106/announcing-the-healthy-mind-platter.

15. Rock, "Announcing the Healthy Mind Platter", https://www.psychologytoday.com/us/blog/your-brain-work/201106/announcing-the-healthy-mind-platter.

16. Siegel e Bryson, *The Yes Brain: How to Cultivate Courage, Curiosity, and Resilience in Your Child*, 58.

17. Stixrud e Johnson, *The Self-Driven Child: The Science and Sense of Giving Your Kids More Control over Their Lives*, 19-20.

18. Stixrud e Johnson, *The Self-Driven Child: The Science and Sense of Giving Your Kids More Control over Their Lives*, 20.

19. Siegel e Bryson, *The Yes Brain: How to Cultivate Courage, Curiosity, and Resilience in Your Child*, 62.

20. Gareth Cook, "The Case for the Self-Driven Child" [O caso da criança autodirigida, em tradução livre], *Scientific American*, 13 de fevereiro de 2018, https://www.scientificamerican.com/article/the-case-for-the-ldquo-self-driven-child-rdquo/.

21. Stixrud e Johnson, *The Self-Driven Child: The Science and Sense of Giving Your Kids More Control over Their Lives*, 15.

Capítulo 5: Ajudando sua mente

1. Sun Tzu, *The Art of War* [A arte da guerra, em português] (Greyhound Press, 1910, 2017), 9.

2. Alina Tugend, "Praise Is Fleeting, but Brickbats We Recall" [Elogio é passageiro, mas das críticas nós lembramos, em tradução livre], *New York Times*, 23 de março de 2012, https://www.nytimes.com/2012/03/24/your-money/why-people-remember-negative-events-more-than-positive-ones.html.

3. Allison Edwards, *Why Smart Kids Worry: And What Parents Can Do to Help* (Naperville, IL: Sourcebooks, 2013), 168.

4. Tamar E. Chansky, *Freeing Your Child from Anxiety: Practical Strategies to Overcome Fears, Worries, and Phobias and Be Prepared for Life*, ed. rev. e atualizada (Nova York: Harmony Books, 2014), 11.

5. Chansky, *Freeing Your Child from Anxiety: Practical Strategies to Overcome Fears, Worries, and Phobias and Be Prepared for Life*, 14.

6. *This Is Us*, temporada 2, episódio 18, "The Wedding", dirigido por Glenn Ficarra, John Requa e Ken Olin, escrito por Dan Fogelman, exibido em 13 de março de 2018, na NBC.

7. Dan P. Allender, *The Healing Path: How the Hurts in Your Past Can Lead You to a More Abundant Life* (Colorado Springs: WaterBrook, 1999), p. 189.

8. Chansky, *Freeing Your Child from Anxiety: Practical Strategies to Overcome Fears, Worries, and Phobias and Be Prepared for Life*, 203.

9. Daniel J. Siegel e Mary Hartzell, *Parenting from the Inside Out: How a Deeper Self-Understanding Can Help You Raise Children Who Thrive* [Parentalidade de dentro para fora: como uma autocompreensão mais profunda pode ajudar você a criar filhos prósperos, em tradução livre] (Nova York: Tarcher Publishing, 2003), 58.

Capítulo 6: Ajudando seu coração

1. Dawn Huebner, *Outsmarting Worry: An Older Kid's Guide to Managing Anxiety* [Superando a preocupação: um guia para crianças mais velhas sobre como lidar com a ansiedade, em tradução livre] (Londres: Jessica Kingsley Publishers, 2018), 10.

2. Bridget Flynn Walker, *Anxiety Relief for Kids: On-the-Spot Strategies to Help Your Child Overcome Worry, Panic & Avoidance* (Oakland, CA: New Harbinger Publications, Inc., 2017), 142.

3. David A. Clark e Aaron T. Beck, *The Anxiety and Worry Workbook: The Cognitive Behavioral Solution* (Nova York: The Guilford Press, 2012), p. 83.

4. Walker, *Anxiety Relief for Kids: On-the-Spot Strategies to Help Your Child Overcome Worry, Panic & Avoidance*, 58.

5. Daniel J. Siegel e Tina Payne Bryson, *The Yes Brain: How to Cultivate Courage, Curiosity, and Resilience in Your Child* (Nova York: Bantam Books, 2018), 85.

6. Walker, *Anxiety Relief for Kids: On-the-Spot Strategies to Help Your Child Overcome Worry, Panic & Avoidance*, 56.

7. William Stixrud e Ned Johnson, The Self-Driven Child: The Science and Sense of Giving Your Kids More Control over Their Lives (Nova York: Viking, 2018), 32.

8. Walker, *Anxiety Relief for Kids: On-the-Spot Strategies to Help Your Child Overcome Worry, Panic & Avoidance*, 20.

9. "What Is Exposure Therapy?" [O que é terapia de exposição?, em tradução livre], *American Psychological Association* [Associação Americana de Psicologia, em tradução livre], acessado em 25 de abril de 2019, https://www.apa.org/ptsd-guideline/patients-and-families/exposure-therapy.

10. Elizabeth DuPont Spencer, Robert L. DuPont e Caroline M. DuPont, *The Anxiety Cure for Kids: A Guide for Parents* [A cura da ansiedade para crianças: um guia para pais e filhos, em tradução livre] (Nova York: John Wiley & Sons, Inc., 2014), 3.

11. Cathy Creswell, Monika Parkinson, Kerstin Thirlwall e Lucy Willetts, *Parent-Led CBT for Child Anxiety: Helping Parents Help Their Kids* (Nova York: The Guilford Press, 2017), 120.

12. Wilson e Lyons, *Anxious Kids, Anxious Parents: 7 Ways to Stop the Worry Cycle and Raise Courageous and Independent Children*, 102.

13. Wilson e Lyons, *Anxious Kids, Anxious Parents: 7 Ways to Stop the Worry Cycle and Raise Courageous and Independent Children*, 120.

14. Wilson e Lyons, *Anxious Kids, Anxious Parents: 7 Ways to Stop the Worry Cycle and Raise Courageous and Independent Children*, 91.

Capítulo 7: Problema

1. Daniel J. Siegel e Tina Payne Bryson, *The Yes Brain: How to Cultivate Courage, Curiosity, and Resilience in Your Child* (Nova York: Bantam, 2018), 120.

2. Siegel e Bryson, *The Yes Brain: How to Cultivate Courage, Curiosity, and Resilience in Your Child*, 82.

3. Associated Press, "Va. Teen Club Volleyball Player Suing after Getting Benched" [Jogador de vôlei de clube adolescente da Virgínia processa jogador após ficar no banco, em tradução livre], *Fox 5*, 1 de abril de 2015, http://www.fox5dc.com/news/va-teen-club-volleyball-player-suing-after-getting-benched.

4. Laura Santhanam, "Suicide Rate Rising Fastest among Women, CDC Says" [A taxa de suicídio está aumentando mais rapidamente entre as mulheres, segundo o CDC, em tradução livre], *PBS*, 14 de junho de 2018, https://www.pbs.org/newshour/health/suicide-rate-rising-fastest-among-women-cdc-says.

5. Jon Blum, "Global Depression and Anxiety" [Depressão e ansiedade globais, em tradução livre], *Medium*, 4 de março de 2017, https://medium.com/@blumfest/global-depression-and-anxiety--148afd856432, relatando estimativas da Organização Mundial da Saúde, *Depression and Other Common Mental Disorders: Global Health Estimates* [Depressão e outros transtornos mentais comuns: estimativas globais de saúde, em tradução livre] (Genebra: Organização Mundial da Saúde, 2017), https://apps.who.

int/iris/bitstream/handle/10665/254610/WHO-MSD-MER-2017.2-eng. pdf;jsessionid=3C066D350D7C8E8630F9F3DF6844E976.

6. David A. Clark e Aaron T. Beck, *The Anxiety and Worry Workbook: The Cognitive Behavioral Solution* (Nova York: The Guilford Press, 2012), 237.

Capítulo 8: Tenha coragem

1. Shakespeare, *A Midsummer Night's Dream* [Sonho de uma noite de verão, em português], ed. Trevor R. Griffiths (Cambridge: Cambridge Press, 1996), 3.2.325. As referências são o ato, a cena e a linha.
2. *The Chronicles of Narnia: Prince Caspian* [As crônicas de Nárnia: príncipe Caspian, em português], dirigido por Andrew Adamson (Burbank, CA: Walt Disney Home Entertainment, 2008), DVD.
3. AJUDA Estudos de palavras, https://biblehub.com/greek/2293.htm.
4. Henri Nouwen, *Making All Things New: An Invitation to the Spiritual Life* [Fazendo novas todas as coisas: um convite à vida espiritual, em tradução livre] (Nova York: HarperCollins, 1981), 37.
5. Nouwen, *Making All Things New: An Invitation to the Spiritual Life*, p. 82-83.
6. Pierre Teilhard de Chardin, SJ, "Patient Trust" [Confiança do paciente, em tradução livre], em Michael Harter, SJ, ed., *Hearts on Fire: Praying with Jesuits* [Corações em chamas: orando com os jesuítas, em tradução livre] (Chicago: Loyola Press, 2005), 102.
7. Biblehub.com.
8. William Stixrud e Ned Johnson, *The Self-Driven Child: The Science and Sense of Giving Your Kids More Control over Their Lives* (Nova York: Viking, 2018), p. 95-103.

9. Stixrud e Johnson, *The Self-Driven Child: The Science and Sense of Giving Your Kids More Control over Their Lives*, 95-103.

10. A Oração da Serenidade, atribuída a Reinhold Neibuhr, citada em "Serenity Prayer-Applying 3 Truths from the Bible" [Oração da Serenidade – Aplicando 3 verdades da Bíblia, em tradução livre], *Crosswalk.com*, 12 de janeiro de 2017, https://www.crosswalk.com/faith/prayer/serenity-prayer-applying-3-truths-from-the-bible.html.

11. David A. Clark e Aaron T. Beck, *The Anxiety and Worry Workbook: The Cognitive Behavioral Solution* (Nova York: The Guilford Press, 2012), p. 83.

12. Frederick Buechner, *Whistling in the Dark: A Doubter's Dictionary* [Assobiando no escuro: um dicionário para céticos, em tradução livre] (São Francisco: HarperSanFrancisco, 1988, 1993), 12.

13. David G. Benner, *Sacred Companions: The Gift of Spiritual Friendship & Direction* [Companheiros sagrados: o dom da amizade e direção espiritual, em tradução livre] (Downers Grove, IL: InterVarsity Press, 2002), p. 94.

14. Amy Morin, "7 Scientifically Proven Benefits of Gratitude That Will Motivate You to Give Thanks Year-Round" [7 benefícios da gratidão comprovados cientificamente que vão motivá-lo a ser grato o ano todo, em tradução livre], *Forbes*, 23 de novembro de 2014, https://www.forbes.com/sites/amymorin/2014/11/23/7-scientifically-proven-benefits-of-gratitude-that-will-motivate-you-to-give-thanks-year-round/.

15. Tamar E. Chansky, *Freeing Your Child from Anxiety: Practical Strategies to Overcome Fears, Worries, and Phobias and Be Prepared for Life*, ed. rev. e atualizada (Nova York: Harmony Books, 2014), 165.

Capítulo 9: Vencedora

1. Anne Lamott, Facebook, 7 de novembro de 2013, https://www.facebook.com/AnneLamott/photos/a.120197964776522/400007300128919/?type=1&theater.

2. David A. Clark e Aaron T. Beck, *The Anxiety and Worry Workbook: The Cognitive Behavioral Solution* (Nova York: The Guilford Press, 2012), 247.

Este livro foi composto por Maquinaria Sankto Editorial nas famílias tipográficas Alternate Gothic, Archer Pro, Poppins e STIX Two Text. Impresso pela gráfica Viena em junho de 2025.